W0293811

Le 5e trimestre

BIEN VIVRE SON RETOUR DE CONGÉ MATERNITÉ

Isma Lassouani
Clémence Pagnon

Le 5e trimestre

BIEN VIVRE SON RETOUR DE CONGÉ MATERNITÉ

SOLAR

Sommaire

Avant-propos

La maison est silencieuse, Bébé dort enfin. Ton sac de travail est posé près de la porte. Tu l'as préparé avec le même soin que tu as pris pour préparer le sac à langer de Bébé. Demain, c'est la reprise. Elle te semblait tellement lointaine, presque improbable…

Les émotions se bousculent. Tu te réjouis de revoir tes collègues, de retrouver un peu de temps pour toi en dehors de ton rôle de maman. Mais comment cela va-t-il se passer pour Bébé demain matin ? Seras-tu capable de te séparer de lui et de le laisser aux mains d'un·e quasi-inconnu·e ? Sauras-tu apprivoiser la fatigue, reprendre le rythme et être aussi performante qu'avant au bureau ?

Tout est paré, et pourtant, tu as l'impression de ne pas être prête. Demain marque le début de ta reprise, ton cinquième trimestre. Une rentrée pas comme les autres, où on attend de toi un retour à la normale. Mais qu'est-ce que cela veut dire, au juste ?

Ces questionnements, nous les avons entendus de la part d'amies, de collègues, de membres de nos familles. Ce qui nous frappait, c'est que même des femmes dont les enfants étaient aujourd'hui adultes évoquaient cette reprise avec une émotion intacte. Dix ou vingt ans après cette période, elles décrivaient leur retour au travail avec précision, comme si cela s'était passé la veille.

Comme l'accouchement, le moment de la reprise du travail après le congé mat' est bouleversant et demeure gravé dans la mémoire. Mais, à la différence de l'accouchement – qu'on prépare, qu'on anticipe et dont on parle abondamment avant et après –, la reprise professionnelle (comme d'autres étapes de la maternité) reste dans l'ombre. Cette invisibilité a une conséquence évidente : un manque cruel de soutien et de solutions adaptées pour les femmes qui la vivent.

Tout cela a résonné en nous comme un appel à agir. À l'époque, en 2019, rien ou presque n'existait en France sur le sujet : ni livres, ni études, ni campagnes de sensibilisation ou dispositifs d'accompagnement spécifiques. Nous avons donc décidé de combler ce vide, et c'est ainsi que nous avons créé notre agence, Issence, dont le but est d'accompagner les femmes à la reprise.

Nous avons souhaité intervenir là où cette transition se vit : dans les entreprises. Notre objectif était double : sensibiliser et former les entreprises, tout en offrant aux femmes un soutien intégré dans leur cadre professionnel. Pour cela, nous avons développé nos outils et mené en 2021 la première enquête à grande échelle sur le retour de congé

maternité, avec plus de 700 femmes interrogées. Depuis, nous avons écouté et accompagné des centaines de femmes, qui ont partagé avec nous leur expérience du cinquième trimestre. Si chaque récit est unique, un sentiment revient sans cesse au fil des témoignages, presque universel : celui d'un « tsunami intérieur ».
Le cinquième trimestre est le moment de bascule lors duquel la maternité rencontre le monde extérieur; une période charnière où chaque mère tente, tant bien que mal, de jongler entre des attentes contradictoires : reprendre sa place au travail tout en restant pleinement présente pour son enfant, affronter la fatigue tout en montrant un visage confiant, réinventer son quotidien sans toujours se sentir comprise ou soutenue. L'impression d'improviser, sans avoir le temps de se demander : « Comment ça va ? » parce qu'il faut avancer, comme on peut.
Dans nos ateliers dédiés à la reprise du travail, des femmes prennent le temps de se poser cette question, quelques jours ou quelques semaines après leur retour en entreprise. On rit beaucoup. Le rire vient du soulagement de ne pas se sentir seule. On pleure aussi, on partage nos doutes et on trouve du réconfort. Surtout, on s'autorise à dire ce qu'il est souvent interdit de verbaliser ailleurs : la culpabilité, le ras-le-bol, la solitude, les cicatrices, la peur, les changements corporels, la fatigue, le bazar à l'extérieur et à l'intérieur.
Toutes deux, nous avons été frappées par l'intensité de ces récits. Ils décrivent une rentrée pas comme les autres, un véritable plongeon dans l'inconnu. Ils parlent de tâtonnements, d'improvisations, mais aussi d'une remarquable résilience et d'une extraordinaire capacité d'adaptation.

Ce qui nous a frappées également, c'est de constater que ces défis, pourtant universels parmi les jeunes mères, sont encore couramment perçus comme des épreuves individuelles, liées à des circonstances personnelles, comme si c'était la jeune mère qui « ne s'en sortait pas ». Pourtant, ces défis s'inscrivent dans une réalité bien plus vaste : un phénomène de société qui dépasse chacune.
Notre intention est précisément de rendre visible ce vécu si souvent silencieux. Ces bouleversements intenses que tu traverses méritent d'être reconnus, compris et accueillis pleinement. Nous espérons que ce livre pourra être cet espace et ce moment pour toi.
Nous souhaitons t'aider à comprendre que ce que tu vis est :

- **un parcours normal** et parfaitement compréhensible ;
- **une expérience largement partagée** par d'autres mères ;
- **une étape naturelle** dans ce cheminement unique qu'est la maternité.

Ce livre est là pour toi, pour te dire que non, tu n'es pas seule, et que cette période, bien qu'intense et souvent déroutante, peut être traversée avec douceur et courage. Nous souhaitons affirmer haut et fort que ce qui se passe pendant ton cinquième trimestre, c'est le vécu de toutes et l'affaire de tous·tes.
Au-delà de ce constat, notre ambition est de te fournir des ressources concrètes et des actions faciles à mettre en place, pensées pour te permettre d'avancer à ton échelle. Ce sont des outils

éprouvés, qui ont déjà soutenu des centaines de femmes au cours des cinq dernières années.

Nous espérons que ce livre pourra t'aider au moment de ta reprise à te sentir :

- **soulagée**, en t'autorisant à voir ton vécu comme le résultat de (dys)fonctionnements systémiques et d'une culture globale, et non plus en te sentant « personnellement défaillante », avec toute la culpabilité et la solitude que cela génère ;
- **rassurée**, en comprenant que tes potentielles difficultés sont normales et transitoires car cette étape de la maternité exige, comme les étapes précédentes, du temps et de l'aide ;
- **confiante**, avec un état d'esprit plus serein, mais surtout avec des pistes concrètes pour améliorer ton quotidien, prendre soin de ta santé physique et mentale, défendre tes intérêts et faire valoir tes droits ;
- **sereine**, en accueillant en conscience la dimension transformatrice de cette période pour toi.

Explorons ensemble ton cinquième trimestre !

Intro-duction

Qu'est-ce que le cinquième trimestre ? Après trois trimestres de grossesse, suivis d'un quatrième trimestre correspondant au post-partum immédiat, le cinquième trimestre désigne la naissance de la mère active, ce moment charnière où la femme reprend le chemin du travail. Le quatrième trimestre, c'est l'expérience de la maternité vécue dans l'intimité du foyer, pendant ton congé maternité. Le cinquième trimestre, c'est celui où ta maternité rencontre les contraintes et les attentes de la vie sociale et professionnelle. Les horaires, le regard des autres, la séparation avec Bébé la journée… tout cela fait de cette période un grand défi.

Pourtant, cette étape cruciale reste un angle mort dans notre société, comme si la maternité s'arrêtait aux portes du bureau.

Adopter la notion de cinquième trimestre[1], c'est reconnaître :

1. la continuité avec les trimestres précédents : la reprise professionnelle à la fin du congé maternité ne vient pas clore le chapitre de la maternité, elle en est une étape supplémentaire ;

2. une expérience multidimensionnelle : le cinquième trimestre englobe bien plus que les aspects professionnels. Il s'agit de repenser ta parentalité (te préparer à confier Bébé, apprendre à nourrir le lien avec Bébé quand tu n'es plus avec lui en permanence), repenser ton rapport au temps, naviguer dans un entre-deux pro-perso souvent déroutant ;

3. l'importance de la notion de « temps de transition ». Une grossesse dure 9 mois et chaque trimestre amène ses transformations physiques, ses cheminements émotionnels, ses questions et ses « rituels » qui te préparent à devenir mère ; comme les précédents trimestres, cette reprise va s'étendre sur quelques mois et mérite d'être vécue avec le temps, la patience et le soutien nécessaires.

Ces dernières années, le post-partum, ce « quatrième trimestre », longtemps resté dans l'ombre, a gagné en visibilité grâce aux témoignages sincères et courageux de femmes, notamment sur les réseaux sociaux ou dans des documentaires. La parole s'est libérée sur les douleurs, les transformations physiques et les émotions vécues après l'accouchement. Cela a ouvert la voie à une meilleure reconnaissance des droits des mères et à l'émergence de réponses concrètes pour les soutenir physiquement, psychologiquement et légalement lors de cette période.
Nous souhaitons qu'il en soit de même avec le cinquième trimestre.

1 Ce terme a été développé et popularisé par la journaliste, auteure et entrepreneure Lauren Smith Brody dans son livre *The Fifth Trimester – The Working Mom's Guide to Style, Sanity and Success After Baby*, New York, Knopf Doubleday, 2017 (non publié en français).

Un tsunami intérieur composé de vagues puissantes

Le cinquième trimestre est une période de transformations profondes, intenses et souvent concomitantes. Ces bouleversements peuvent sembler insurmontables parce qu'ils se superposent, mais les identifier permet de mieux les traverser. Tu vas trouver ici des conseils très pratiques qui t'aideront à naviguer à travers ces différents défis. Mais avant de plonger dans chacun de ces enjeux, il est important d'en faire un bref tour d'horizon.

Un sentiment de décalage

Le retour au travail peut être vécu comme un choc. Tu passes de l'intimité d'un cocon familial à un environnement social où on attend de toi une performance immédiate. Le fossé entre ton ressenti et les attentes professionnelles est déroutant.
Tu te sens parfois hors tempo : là où ton entreprise voit une parenthèse maternité qui se referme, toi, tu démarres une nouvelle étape pleine d'incertitudes. Ce sentiment de décalage est renforcé par un cadre professionnel peu adapté à accueillir les émotions de jeune maman que tu peux traverser. Le « poker face » imposé par le travail entre souvent en conflit avec ton ressenti intérieur. Cette pression à cacher ce que tu ressens pour être une « bonne professionnelle » peut être particulièrement pesante.
Ce contraste peut te donner l'impression que tu n'es plus à ta place, un sentiment renforcé si ton retour n'est pas très chaleureux : un·e manager absent·e, un bureau supprimé, personne qui semble attendre ton retour, des tâches peu claires... Et même dans les cas où l'accueil se passe bien, le décalage est tout de même perceptible, comme si tu étais la seule à arriver déguisée à une soirée (tu sais, l'effet Bridget Jones !).
Bien qu'individuelle, cette expérience reflète aussi un problème plus large : le manque d'adaptation du monde professionnel aux réalités des jeunes mères.

La course contre la montre

La gestion du temps est le défi numéro un dont nous parlent les jeunes mères qui reprennent le travail. Le cinquième trimestre révèle un paradoxe : devoir jongler avec des responsabilités croissantes et un temps limité. Chaque journée ressemble à une course contre la montre, du matin au soir. Le temps est une ressource rare, et la tension pour l'optimiser devient omniprésente. Combien de temps en plus dois-tu compter pour te préparer le matin quand il faut lever, changer et habiller Bébé ? À quelle heure partir du bureau pour aller chercher ton enfant à l'heure sans passer pour une employée désinvestie ? Comment peux-tu reprendre le rythme professionnel et arriver au bout de ta to-do list en moins de temps ?
Ce défi est amplifié par la charge mentale, cette tâche invisible mais constante de penser, planifier et répondre aux besoins de la famille. Cette pression à tout faire – et à tout bien faire – peut te donner l'impression que tu manques toujours de temps.
Ce fait n'est pas seulement une question d'organisation. Il vient d'un déséquilibre structurel : la société n'a pas encore intégré pleinement les réalités des responsabilités familiales dans son fonctionnement, et le monde du travail est le reflet de cette omission.

La reconfiguration professionnelle : entre défis, renoncements et opportunités

Le cinquième trimestre marque aussi un tournant dans ta carrière. Cette période peut faire émerger chez toi des doutes profonds sur ta légitimité ou ta capacité à redevenir performante. Tu te demandes peut-être : « Comment être à la hauteur après une si longue absence ? » ou « Comment concilier vie personnelle et vie professionnelle sans m'épuiser ? ». Tu as passé les dernières années à construire une carrière sans anticiper ce que la maternité (de ton premier, ton deuxième enfant…) ferait à tes plans.
Mais cette transition est aussi une opportunité : l'expérience de la maternité t'a permis de développer des com-

pétences précieuses comme la priorisation, la résilience ou l'affirmation de tes besoins. Ces nouvelles aptitudes peuvent enrichir ta carrière. Cette période soulève également des questionnements essentiels sur tes priorités professionnelles. Certains choix – comme réduire ton temps de travail ou envisager une réorientation – peuvent te sembler nécessaires pour préserver ton équilibre. Mais ils peuvent s'accompagner d'un sentiment de perte ou de contrainte, reflétant la réalité de la pénalité maternelle et des stéréotypes qui pèsent encore sur les mères.

La reconfiguration familiale : construire de nouveaux repères

Avec la reprise du travail, ta cellule familiale entre dans une nouvelle dynamique. C'est la fin de la période « hors du temps » qu'a constituée ton congé maternité et le début d'une nouvelle routine. Chaque membre de la famille doit prendre rapidement ses marques. Ces ajustements, bien que nécessaires, sont exigeants : ils impliquent des séparations complexes – pour toi, ton·ta partenaire, ton bébé et éventuellement tes aîné·es –, mais aussi une coordination nouvelle.
Passer de couple amoureux au couple parental, puis au couple parental actif, est une transformation complexe. Il en va de même pour Bébé, qui passe du cocon familial à un quotidien inédit dans son mode de garde. Or chaque membre du foyer évolue à son rythme. C'est ce qui rend la période si intense.
Depuis la naissance de votre enfant, ton·ta conjoint·e et toi n'avez cessé de réinventer un rythme au gré de ton congé maternité, du congé de ton·ta conjoint·e, des besoins de Bébé qui évoluent extrêmement vite, du début de la garde... Tout ce parcours a effectivement exigé une flexibilité permanente. Si on écoute les croyances collectives, on pourrait penser que ton retour au travail marque la fin de ce parcours : « Bravo à vous, maintenant retour à la stabilité ! » La reprise peut donner l'impression – l'illusion – que, du jour au lendemain, un nouveau rythme arrive pour toute ta famille et que celui-là sera pérenne.
Comprendre et accepter que ton organisation familiale ne se construit pas en un jour peut te faire gagner du temps, et t'épargner de la déception, de la frustration ou de la culpabilité. Ce livre est là pour te rappeler qu'il est tout à fait normal que cela

prenne des semaines et des mois pour trouver un nouvel équilibre. La clé réside dans le temps et la patience.

Un changement identitaire : la matrescence

Le cinquième trimestre est aussi une étape de transformation intérieure. Devenir mère, c'est découvrir une nouvelle facette de toi-même dans ta vie personnelle et professionnelle. Cette phase, appelée « matrescence » – contraction des mots « maternité » et « adolescence » –, décrit ce processus profond et complexe. Le terme a été créé par l'anthropologue américaine Dana Raphaël et popularisé en France par le podcast du même nom de la journaliste Clémentine Sarlat.

Cette transformation, bien qu'invisible aux yeux des autres, est omniprésente en toi. Elle te pousse à redéfinir tes valeurs, tes priorités et ton rapport à toi-même. À cela s'ajoutent les bouleversements physiques et émotionnels du post-partum, qui perdurent souvent bien au-delà du congé maternité. La matrescence, c'est la naissance d'une nouvelle partie de ton identité. Elle se déroule paradoxalement à une période de ta vie où l'abnégation et l'oubli de soi semblent omniprésents. Donald Winnicott, célèbre pédopsychiatre britannique, a théorisé la préoccupation maternelle primaire, ce moment où une mère expérimente la responsabilité totale d'un autre être humain, en l'occurrence son bébé. Il y a un avant et un après la naissance, et cette responsabilité peut être vertigineuse.

Dans cet état de vigilance constante, où tu es constamment en action pour répondre aux besoins de Bébé et aux obligations quotidiennes d'adulte qui travaille, il te reste peu de temps pour te poser, réfléchir et prendre conscience de ta métamorphose. Notre société, portée davantage sur le « faire » que sur l'« être », ne valorise pas toujours ces lentes révolutions intérieures, or elles sont au cœur de ton parcours de mère[1].

La reprise du travail marque une étape clé de cette transition identitaire. C'est souvent le premier moment où une séparation physique avec Bébé te permet de retrouver un peu d'espace mental pour exister en tant que personne, au-delà de ton rôle de mère. Le cinquième trimestre devient alors une opportunité

1 Céline Chadelat en parle très bien dans son livre *Les incroyables pouvoirs de la parentalité* (*voir p. 226 « Le guide des ressources par thème »*).

pour te poser des questions essentielles : « Comment est-ce que je vais ? », « De quoi ai-je envie ou besoin ? », « Qui suis-je aujourd'hui ? ».

Trois atouts qui changent la donne

Ces différents bouleversements n'ont évidemment pas de frontières claires. La difficulté vient justement de la concomitance et de l'intrication de toutes ces transformations. Nous avons écrit ce livre pour t'aider à démêler les choses et à trouver des solutions très concrètes pour répondre à ce qui te challenge le plus. Nous avons tout de même observé au fil des années trois éléments qui changent drastiquement la donne afin de te rendre cette période plus douce.

La présence de ton·ta conjoint·e

Si ton·ta partenaire peut ajuster son rythme de travail et être réellement présent·e durant les premiers mois de la reprise, cela facilite grandement la transition. Une meilleure répartition des responsabilités au sein du couple, ou la participation de personnes ressources (famille, ami·es, soutien professionnel), peut diminuer la pression qui pèse sur tes épaules. Une coconstruction des rôles et des tâches permet d'aborder ces semaines intenses de manière plus équilibrée.

Un·e employeur·euse à l'écoute et/ou un métier flexible

La flexibilité professionnelle durant les premières semaines ou les premiers mois (horaires aménagés, charge de travail ajustée, reprise progressive ou congés supplémentaires) fait une différence significative. Ces adaptations permettent de mieux gérer la transition, sans que cela présage des choix que tu feras ensuite pour ta carrière. Que tu souhaites te réinvestir pleinement ou ajuster ton rythme professionnel sur le long terme, ce temps d'aménagement initial offre l'espace nécessaire pour construire progressivement ton équilibre.

Accepter la transition

Réussir à relativiser et à percevoir cette période comme une transition est une clé essentielle pour l'aborder avec sérénité. Baisser tes exigences, accepter l'imperfection et te rappeler que cette phase est transitoire te permettront de mieux gérer les défis quotidiens. Plutôt que chercher à tout faire parfaitement, envisage cette période comme un temps d'ajustement, d'essais et d'erreurs. Autorise-toi à te montrer indulgente envers toi-même.

Tu n'es pas le problème !
Faire face aux injonctions sociales impossibles

Dans ce livre, tu trouveras des conseils pour mobiliser des ressources intérieures et extérieures dans ton quotidien. Mais il est important de noter que tout ne dépend pas de toi. Depuis des années, nous nous battons pour faire comprendre aux femmes que nous accompagnons qu'elles sont prises dans un contexte culturel et sociétal qui les dépassent. Les défis du cinquième trimestre reflètent une culture de travail et des attentes sociales inadaptées aux réalités des jeunes mères. Comprendre cette dimension systémique est essentiel pour te déculpabiliser et envisager des changements collectifs.

En tant que femme du XXIe siècle, tu es l'héritière d'une culture qui a construit le mythe de la « wonder woman » et t'enferme dans une double injonction contradictoire :

- d'un côté, on te demande d'embrasser le rôle de mère à corps perdu, d'être « naturellement bonne » à cette fonction, de tout savoir faire « d'instinct », d'être dans le dévouement, le soin et l'attention à l'enfant (sous peine d'être qualifiée de « mauvaise mère », la condamnation ultime) ;

- de l'autre, on te demande d'être performante, de poursuivre une carrière ambitieuse, de contribuer au développement économique, d'exister dans une société qui glorifie l'indépendance et la self-made-woman (où la femme au foyer est présentée comme un échec, voire un modèle repoussoir).

Satisfaire cette double injonction est impossible. Personne ne peut réussir à répondre à ces attentes opposées sans en payer le prix. Et il est élevé à tous niveaux :

- **sur le plan physique et mental :** te sentir coincée entre des attentes irréalistes et ton propre désir de bien faire alimente un stress chronique. L'anxiété peut s'inviter, nourrie par la peur de ne pas être à la hauteur ou par une culpabilité omniprésente. À suivre ces injonctions, tu t'emprisonnes dans des questions délétères : « Est-ce que j'en fais assez pour mon bébé, pour mon travail, pour moi-même ? » ;

- **sur le plan économique :** tu peux te retrouver à devoir faire des arbitrages, qui se traduisent le plus souvent par la réduction du temps de travail, le refus de nouvelles responsabilités ou de fonctions trop exigeantes pour parvenir à gérer les obligations familiales sans te perdre. Ces choix ont des conséquences durables sur ton avenir professionnel. C'est ce qu'on appelle la pénalité maternelle (voir encadré « La pénalité maternelle, qu'est-ce que c'est ? », p. 22) ;

- **sur le plan familial :** l'organisation quotidienne se complexifie dans un temps si court que des déséquilibres s'installent au sein du couple. La charge mentale, domestique et parentale repose souvent sur tes épaules et te laisse peu de temps pour te reposer et envisager sereinement des changements, pourtant nécessaires. Tout cela crée un cercle vicieux : chaque effort pour répondre aux attentes extérieures te coûte de l'énergie, sans pour autant combler les attentes que tu as pour toi-même. Ce sentiment de devoir toujours « tenir bon » finit par peser lourd. Cela varie évidemment d'une femme à l'autre, mais l'épuisement et l'isolement sont des risques tangibles pour toutes les jeunes mères durant ces mois cruciaux. Les causes sont systémiques, mais les conséquences sont bel et bien intimes et individuelles.

Nous le savons, avoir conscience de cette réalité n'empêche pas pour autant les tiraillements. Être une bonne professionnelle te donne parfois l'impression de sacrifier ton rôle de mère, et inversement. Ces dilemmes t'amènent peut-être à envisager des choix professionnels pour préserver ton équilibre : partir plus tôt, demander un congé parental ou revoir tes ambitions à court terme. Le cinquième trimestre est une étape complexe, parfois teintée

La pénalité maternelle, qu'est-ce que c'est ?

L'expression « pénalité maternelle » désigne l'ensemble des difficultés professionnelles et économiques subies par les femmes après la naissance de leur enfant. Cette notion reflète un phénomène systémique, lié aux stéréotypes de genre et à des attentes sociétales déséquilibrées.

Un plafond de mère

Le cinquième trimestre marque un moment où les inégalités professionnelles se cristallisent. Le fameux plafond de verre s'épaissit pour les mères, qui font face à :

- **un ralentissement de carrière :** moins de promotions, des opportunités professionnelles réduites ou des responsabilités limitées ;
- **une perte salariale durable :** les mères gagnent moins que leurs homologues masculins ou féminins sans enfant à poste équivalent, et cet écart s'aggrave avec le nombre d'enfants. En France, en 2021, l'écart de salaire entre les femmes et les hommes était de 6,1 % sans enfant, de 12,4 % avec 1 enfant, de 20,5 % avec 2 enfants, de 29,5 % pour 3 enfants et plus[1] ;
- **un impact sur les retraites :** ces inégalités s'accumulent tout au long de la carrière, réduisant les droits à la retraite[2].

Les mécanismes de la pénalité maternelle

- **Les stéréotypes de genre :** les mères sont souvent perçues comme moins engagées ou moins disponibles professionnellement, ce qui peut freiner leur progression.
- **La culture du présentéisme :** dans de nombreuses entreprises, l'engagement est encore associé à la présence visible au bureau, un critère difficile à remplir pour une jeune mère.
- **La double journée :** l'arrivée massive des femmes sur le marché du travail dans les années 1960-1970 n'a pas été accompagnée d'un transfert des responsabilités domestiques et familiales vers les hommes. Les femmes doivent donc accomplir deux journées en une : la journée de travail et la journée domestique.

---

1 Fanny Godet, Insee, « Écart de salaire entre femmes et hommes en 2022 », 5 mars 2024 : https://www.insee.fr/fr/statistiques/7766515#titre-bloc-18

2 Insee, « Femmes et hommes, l'égalité en question », 3 mars 2022 : https://www.insee.fr/fr/statistiques/6047805

• **Les discriminations invisibles :** bien que la loi protège contre les discriminations liées à la maternité, des pratiques telles que des évaluations biaisées, des projets retirés ou des promotions différées sont encore courantes.

Les chiffres parlent d'eux-mêmes

Les mères perdent en moyenne 30 % de leurs revenus tout au long de leur carrière en raison d'interruptions de travail ou de réduction de temps de travail après la naissance de leurs enfants[1]. Cinq ans après la naissance de leur premier enfant, les mères en France gagnent environ 20 % de moins que ce qu'elles auraient gagné si elles n'avaient pas eu d'enfant[2].

À l'inverse, il semble que les hommes des catégories sociales aisées bénéficient du « bonus paternel » : après la naissance de leur premier enfant, ils sont perçus comme plus stables ou investis, et connaissent une progression de carrière.

L'arbitrage entre travail et coût ou contraintes du mode de garde dans les foyers modestes se fait souvent à la défaveur du plus petit salaire, souvent celui de la femme.

Un problème systémique où tout le monde est perdant

La pénalité maternelle n'est pas un simple accident de parcours, mais le reflet d'une organisation sociale et économique très genrée entre hommes et femmes.

Si les femmes font face au stéréotype selon lequel « la mère passe avant la professionnelle », les hommes sont confrontés au stéréotype inverse : la société attend encore qu'un père ne laisse rien transparaître de sa parentalité dans sa carrière. Tandis que la maternité en entreprise reste une source fréquente de discrimination, la paternité, quant à elle, demeure largement invisible, reléguée dans l'angle mort des préoccupations.

Cette réalité n'affecte pas que les mères : elle touche également les pères qui aspirent à s'investir pleinement dans leur rôle parental. Ces deux enjeux sont les facettes indissociables d'un même problème sociétal.

1 PwC, « Women in Work Index 2022 – Les progrès réalisés en faveur de l'égalité professionnelle retardés de deux ans », https://www.pwc.fr/fr/publications/ressources-humaines/women-in-work-index-2022.html

2 Clément Dherbécourt et Jean Flamand, France Stratégie, « Inégalité des chances, ce qui compte le plus », *La note d'analyse*, avril 2023 : https://www.strategie.gouv.fr/sites/strategie.gouv.fr/files/atoms/files/fs-2023-na-120-inegalite-chances.pdf

de frustration. La réalité nous oblige à sortir du mythe de « Je peux tout avoir : une carrière épanouie, du temps avec mes enfants, un·e conjoint·e parfait·e, à la seule condition que je me débrouille bien ».

Reconnaître les mécanismes à l'œuvre dans notre société est donc une première étape essentielle. Cela te permet de te déculpabiliser, de ne pas te sentir « défaillante » et d'éviter de creuser encore plus les déséquilibres en cherchant – uniquement – des solutions individuelles à un problème systémique.
Si nous avons voulu, à travers ce livre, te proposer des outils concrets pour avancer, nous savons aussi que certaines réponses ne pourront émerger qu'en remettant en cause les attentes irréalistes imposées aux mères dans leur ensemble.

Un changement systémique grâce à un engagement collectif

C'est en œuvrant collectivement que, tous·tes ensemble, nous pourrons réduire la pénalité maternelle et faire évoluer notre société.

Ce que chacun·e peut faire à son échelle, au niveau individuel :

- **briser les tabous :** parler ouvertement des enjeux du cinquième trimestre dans les cercles privés et publics, partager son vécu pour sensibiliser et normaliser ces réalités ;

- **encourager les pères :** valoriser leur rôle, promouvoir la répartition des tâches parentales et soutenir une vision de coparentalité équilibrée ;

- **soutenir d'autres mères :** créer des espaces d'échange et de solidarité pour partager conseils, expériences et encouragements.

Ce que nous devons porter ensemble, au niveau collectif :

- **faire évoluer les entreprises :** instaurer des cultures de travail inclusives et flexibles, sensibiliser les managers et valoriser l'équilibre travail-vie personnelle ;

- **renforcer les protections légales :** protéger les mères et les parents avec des lois ambitieuses sur les congés parentaux, les aménagements de travail et la lutte contre les discriminations ;

- **revaloriser la paternité :** allonger et promouvoir les congés paternité, et encourager une implication réelle des pères dans les soins de l'enfant.

Ces actions, qu'elles soient individuelles ou systémiques, s'entrecroisent et se renforcent mutuellement. Ensemble, elles ouvrent la voie vers une société où les jeunes mères pourront traverser cette période en se sentant plus sereines et protégées.

Soyons optimistes ! Ces sujets sont davantage audibles aujourd'hui. Les évolutions sociétales de ces dernières années (favorisées notamment par la crise du Covid ou le mouvement #MeToo) ont permis de préparer le terrain, dans la société en général et dans le monde du travail en particulier. Les entreprises intègrent désormais les sujets de parentalité. Le débat politique et législatif s'ouvre sur ces questions (« congé fausse couche », nouveau congé parental...), et le post-partum sort de l'ombre. Il y a plus de littérature et de débats, qui permettent des éveils de conscience et la création de nouveaux modèles de familles, de couple, de parentalité, de rapports hommes-femmes.
Les choses sont en mouvement, ne serait-ce que parce qu'on en parle aujourd'hui alors qu'hier ces inégalités étaient passées sous silence ou imperceptibles. Et c'est déjà une grande victoire !
Quant à la mise en mouvement, la crise du Covid nous a offert une lueur d'espoir : elle a révélé notre capacité à travailler autrement. En janvier 2021, 27 % des salarié·es pratiquaient le télétravail, contre seulement 4 % en 2019[1].
Cependant, cette flexibilité soulève des questions. Les premières études indiquent que ses conséquences sur la carrière des femmes sont mitigées. Si le télétravail peut permettre de mieux concilier vie professionnelle et vie personnelle, certaines recherches alertent sur le risque accru pour les femmes de devenir moins visibles au bureau, ce qui pourrait freiner leur progression. L'exemple du télétravail rassure sur le fait que des changements à grande échelle sont possibles, mais il illustre aussi que la vigilance est de mise afin de ne pas reproduire ou accentuer les inégalités existantes.

1 Direction de l'animation de la recherche, des études et des statistiques (DARES), « Télétravail durant la crise sanitaire », 10 février 2022.

Comment lire et utiliser au mieux ce livre pour ta reprise ?

Nous savons que la reprise est une période très chargée, et que tu disposes de peu de temps pour réfléchir ou réagir. Nous avons donc conçu des fiches pratiques par thèmes pour te permettre d'aborder en priorité les sujets qui te posent question.

Voici quelques précisions que nous souhaitons apporter :

- tu peux lire ce livre en commençant par le début ou aller directement au thème qui t'intéresse ;
- tu trouveras des éléments dans ce livre pour t'accompagner, que tu sois en train de préparer ton départ en congé maternité, à la fin de ton congé maternité ou à 2 mois après ta reprise ;
- tout ne te parlera pas et c'est tout à fait normal ! Nous avons essayé d'apporter des réponses aux difficultés principales que les mères nous ont rapportées lors de nos accompagnements. Il est tout à fait possible que tu ne te sentes pas inspirée ou concernée par un thème ou un angle, car chaque femme est unique (loin de nous l'idée de te faire culpabiliser avec une idée comme « je n'entre pas dans la case » !) ;
- nous avons essayé d'éviter l'effet « baguette magique ». Nous n'y croyons pas. Nous te donnons ici des pistes d'actions et des outils, libre à toi de tester et de ne retenir que ce qui te convient ;
- ce n'est pas un livre de puériculture, sur l'éducation ou le soin des enfants. Nous nous intéressons ici à ce que tu vis en tant que personne, à travers toutes les nouvelles casquettes avec lesquelles tu dois jongler, dont celle, importante, de mère. Nous accompagnons ton « devenir-mère » à la reprise plutôt que le développement de Bébé ;
- nous avons essayé d'évoquer la plupart des situations professionnelles, mais il est difficile d'être exhaustif, aussi nous espérons que tu trouveras des réponses à adapter à ta situation le cas échéant ;

- nous avons rédigé la partie sur le couple avec une certaine vision hétéronormée car le poids du patriarcat pèse beaucoup sur les enjeux du couple dans le cinquième trimestre. Si ta famille est homoparentale ou si tu es une maman solo, nous espérons là aussi que tu trouveras des éléments à adapter à ta situation ;

- nous avons rédigé ce livre à destination des mères, mais sa lecture par ton·ta partenaire, tes ami·es, tes collègues... est vivement recommandée !

La timeline du cinquième trimestre

Le cinquième trimestre se compose de plusieurs étapes. Ton premier jour au bureau n'est pas la ligne d'arrivée, mais simplement une étape de ce marathon de la reprise ! Au moment de ta lecture, où te situes-tu sur la frise chronologique du cinquième trimestre ? Quelles sont les questions que tu te poses ?

Cette frise peut t'aider à faire le point sur tes besoins du moment. Lors de nos ateliers, les femmes nous disent souvent qu'intégrer ces repères chronologiques les aide à prendre du recul et à se libérer de certaines attentes irréalistes qu'elles peuvent avoir vis-à-vis d'elles-mêmes. Nous espérons qu'il en sera de même pour toi.

1. Ton départ en congé maternité

Les modalités de ton départ et ce que tu as vécu vont influencer ta reprise. Est-ce que tu as pu faire une passation ? Est-ce que tu as été arrêtée plus tôt que tu le pensais ? Est-ce que la transition bureau/maison est facile ? Est-ce que tu es sereine en laissant ton poste ?

2. Ton congé maternité

Comment se passent ta rencontre avec Bébé, ton accouchement et ton post-partum ? Selon ton vécu, il peut s'avérer nécessaire de prendre un peu plus de temps pour toi et de repousser ta reprise. Cela peut t'aider de jeter un œil dans le rétroviseur pour mesurer le chemin parcouru et mieux comprendre où tu en es aujourd'hui.

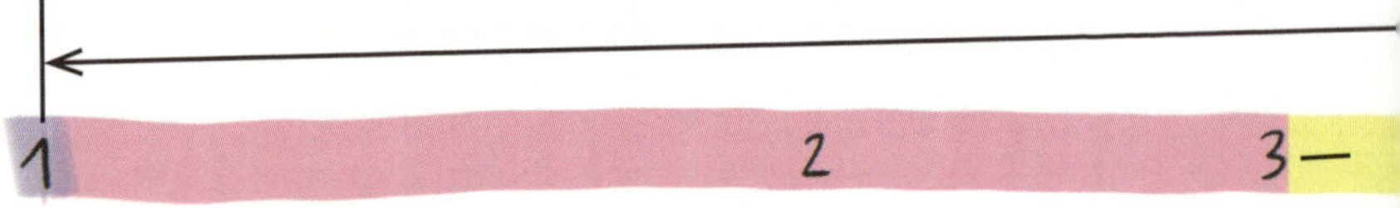

3. La fin de ton congé maternité

La fin de ton congé maternité marque une étape charnière, celle où tu commences à anticiper ton retour au travail, avec son lot de projections et d'appréhensions.

Tu te demandes peut-être comment prolonger ce congé sans savoir si tu en as le droit ni par où commencer → rendez-vous p. 62, « Prolonger mon congé maternité ».

À mesure que la date approche ou se précise, les choses prennent une autre dimension. C'est le moment de te préparer activement : reprendre contact avec ton employeur·euse, imaginer une nouvelle organisation familiale ou encore accompagner ton bébé dans sa familiarisation avec son mode de garde. Autant de démarches concrètes qui marquent ce passage vers une nouvelle étape de ta vie, à la fois stimulante et pleine de défis.

4. Le jour J du retour au travail

Ce moment où tu franchis à nouveau les portes du bureau est souvent chargé d'émotions. → rendez-vous p. 61, encadré « La check-list du jour J » dans le chapitre « Préparer ma reprise ».

5. Les premières semaines au bureau

Ton retour au travail ne se fait pas en un jour, et il est essentiel de voir les premières semaines comme une véritable phase de transition. Ce n'est pas encore le moment de trouver ton rythme de croisière, mais plutôt celui de reprendre tes marques, tant au bureau qu'à la maison. Le mot clé de ces premières semaines : OBSERVATION !

6. Les premiers mois au bureau

Les premiers mois sont une étape au cours de laquelle tu t'ajustes progressivement et où un nouvel équilibre se dessine. Le mot clé : TÂTONNEMENT ! Tu vas tester plusieurs organisations jusqu'à trouver ce qui fonctionne pour toi.

Construire ton fil d'Ariane

Tu l'as compris, le cinquième trimestre se caractérise par d'intenses changements. Parfois, on ne sait même plus où donner de la tête ! Nous te conseillons donc de te prévoir un fil rouge, une ligne de vie, pour te permettre de traverser ces différentes étapes en gardant le cap.

Ce fil rouge est composé :

- **de moments de bilans avec toi-même :** tous les mois, prends quelques minutes pour te demander comment tu te sens (dans l'idéal, note-toi un rappel dans ton agenda) : qu'as-tu appris de l'étape écoulée ? Qu'as-tu mis en place et qui marche ? De quoi es-tu fière ? Quel est ton principal souci actuellement ? Quels changements (petits) te sens-tu capable de mettre en place pour la prochaine étape ?

- **de moments de bilans entre toi et tes parties prenantes :** à la maison, tu peux partager ce point avec ton·ta conjoint·e sur votre organisation et votre vie de famille. Au bureau, on te conseille de proposer à ton·ta manager un rendez-vous régulier les premiers mois (ainsi, cela lui permet de mesurer que tu es dans une période de transition et, s'il y a besoin de rectifier le tir, tu n'auras pas l'effort à faire d'aller lui demander un point : il sera déjà prévu).

Je fais le point sur mon cinquième trimestre

Même si les grands thèmes que nous avons listés plus haut concernent toutes les mères, la façon que tu as de les appréhender et de les vivre est très personnelle. Nous te proposons un exercice pour t'aider à y voir plus clair et identifier ce qui te semble prioritaire.

Cet exercice a trois objectifs principaux :

1. identifier tes « points de crispation » actuels : tout bouge en même temps, et ça peut donner le tournis ! L'objectif, ici, est de faire un état des lieux, domaine par domaine, pour comprendre où tu en es ;

2. t'aider à prioriser : dans un moment où le temps te manque, certaines priorités pourront vraiment changer la donne sur ton bien-être global. Identifier ce qui aura le plus d'effet sur ton équilibre est essentiel ;

3. te féliciter ! Oui, il y a des choses que tu fais bien ! Oui, il y a des aspects de cette période qui te font plaisir et t'apaisent. Prenons un instant pour célébrer ces petites victoires et regarder ensemble ce qui rend cette période plus douce.

Cet exercice est une photographie à l'instant T de ton ressenti. Si tu le refais dans quelques semaines ou mois, il est probable que tes réponses seront différentes. L'objectif n'est pas de te décourager, mais, au contraire, de te donner un fil rouge pour avancer.
Nous te conseillons de faire ce bilan avant ta reprise et chaque fois que tu en sentiras le besoin. En fonction du moment où tu le fais, certaines questions ne seront pas pertinentes, mets-les de côté.
Ce n'est pas un examen ! N'hésite pas à noter tout ce qui te semble pertinent, même si c'est vague. Ce processus te permettra de poser un cadre pour avancer.

Étape 1 : fais ton état des lieux

Nous allons balayer ensemble 18 domaines clés pour faire un état des lieux à 360 degrés de ta vie de jeune maman actuellement. Pour chaque domaine, évalue de 0 à 10 (de 0 « Je ne suis pas bien/pas du tout satisfaite » à 10 « Je me sens parfaitement bien/très satisfaite ») en inscrivant les premiers éléments qui te viennent à l'esprit.

Santé et émotions		
	Évaluation de 0 à 10	**Mes remarques**
Ma perception aujourd'hui sur mon congé maternité, mon post-partum et les premiers mois de Bébé		
Ai-je bien vécu mon congé maternité ? *(Comment te sens-tu en y repensant ? Quelles traces ces derniers mois ont-ils laissées en toi, que tu ressens encore aujourd'hui ?)*		
Ma santé		
Comment vais-je ? *(Comment te sens-tu aujourd'hui ? As-tu des soucis de santé ? Où en es-tu côté fatigue et sommeil ? Comment te sens-tu dans ton corps ?)*		
Mon état émotionnel		
Est-ce que je me sens bien en ce moment ? *(Reconnais-tu tes émotions du moment ? Te sens-tu sereine ? angoissée ? Ressens-tu d'autres choses ?)*		

Le travail		
	Évaluation de 0 à 10	**Mes remarques**
Ma charge et ma capacité de travail		
Est-ce que je me sens à l'aise dans mon travail ? *(Ta charge de travail te convient-elle ? Te sens-tu efficace ? concentrée ? productive ? Tes objectifs sont-ils clairs ? Les échéances sont-elles fixées ? As-tu les moyens de les atteindre ou de les respecter ?)*		
Mon lien avec l'équipe, mes relations professionnelles		
Est-ce que je me sens intégrée ? *(Si tu es salariée : te sens-tu réintégrée ? Comment est ton lien avec ton·ta manager/tes collègues ? Si tu es à ton compte : te sens-tu accompagnée ? isolée ?)*		
Ma tranquillité, ma légitimité au travail		
Est-ce que je me sens à ma place ? *(Te sens-tu légitime et soutenue ? Sens-tu qu'on te fait confiance ?)*		

Le sens au travail		
Suis-je motivée ? *(As-tu du plaisir à travailler ? Te projettes-tu facilement ?)*		
Mon horizon professionnel		
Est-ce que j'ai des perspectives d'évolution ? *(As-tu des envies ? Sens-tu que tu as le soutien et les moyens d'évoluer ?)*		
Ma sécurité matérielle		
Est-ce que je me sens en sécurité matérielle ? *(Ressens-tu des craintes pour l'avenir ? Quelle place ces sujets ont-ils dans tes réflexions en ce moment ? À quel point tes décisions personnelles du moment sont-elles conditionnées par le matériel ?)*		

L'organisation		
	Évaluation de 0 à 10	**Mes remarques**
Le sentiment de « course contre la montre »		
Suis-je sereine dans l'organisation de mon temps ? *(Arrives-tu à organiser ton temps comme tu le voudrais ? Est-ce une forte préoccupation en ce moment ?)*		
Mon environnement de vie		
Est-ce que je me sens bien chez moi ? *(Les trajets domicile-mode de garde-travail te conviennent-ils ? As-tu du soutien à proximité ? Es-tu confortable chez toi ?)*		
La charge mentale et parentale		
Est-ce que je me sens en maîtrise ? *(Te sens-tu dépassée ou en capacité de gérer ?)*		

Les relations affectives		
	Évaluation de 0 à 10	**Mes remarques**
Mes compétences de mère		
Est-ce que j'ai confiance en moi ? *(Te sens-tu sereine dans tes décisions et l'accompagnement de Bébé ? Quel degré de fluidité ressens-tu dans ce domaine ?)*		
Le mode de garde de Bébé		
Est-ce que mon mode de garde me convient ? *(As-tu confiance en la personne qui garde Bébé ? Est-ce que le mode de garde est pratique ?)*		
Mon temps et mon lien avec Bébé		
Suis-je satisfaite de ma relation avec Bébé ? *(Ressens-tu des manques ou des frustrations ? Prends-tu plaisir et es-tu épanouie ? Si tu allaites, où en es-tu et que ressens-tu ?)*		

La qualité du lien avec mon·ma conjoint·e		
Est-ce que je nous sens en lien ? *(Ressens-tu un décalage avec ton·ta conjoint·e ? Comment trouves-tu votre communication et le temps passé ensemble ?)*		
Faire équipe avec mon·ma conjoint·e		
Est-ce que je nous sens en équipe ? *(Comment trouves-tu votre répartition des tâches sur le soin et l'accompagnement de Bébé ? sur la gestion de la maison ? Vous organisez-vous facilement ?)*		

Ma vie de famille		
Est-ce que j'apprécie notre vie de famille ? *(Si tu as d'autres enfants, comment trouves-tu votre équilibre du moment ?)*		
Mon grand village		
Est-ce que je me sens soutenue ? *(Sur qui peux-tu t'appuyer en ce moment ? Est-ce facile pour toi de demander de l'aide ? Le fais-tu ?)*		

Étape 2 : priorise ton action

Maintenant que tu as fait ton état des lieux, il est temps de passer à l'action. Il est probable que certains domaines aient un effet plus direct sur ton bien-être global que d'autres. Relève dans la liste ci-dessus les items qui ont une évaluation inférieure à 4/10.

Les domaines que j'identifie comme prioritaires :

1. ....

....

2. ....

....

3. ....

....

Il est fort probable que ce soient les domaines dans lesquels tu as besoin d'agir en priorité pour te sentir un peu allégée ou apaisée.

Si tu te sens submergée, voici trois questions à te poser pour t'aider à prioriser :

1. **Quelle est ma marge d'action sur ce thème** ? Les décisions sont-elles entre mes mains ? Puis-je demander de l'aide à quelqu'un ?
2. **Quel item semble le plus urgent à traiter** ? Lequel aura le plus d'effet positif sur mon bien-être ?
3. **Pour quel sujet des premières petites actions (et non des révolutions !) me semblent possibles à mettre en œuvre ?** Ce sont ces petites étapes qui peuvent déclencher de grands changements à moyen terme.

Étape 3 : passe à l'action

Une fois que tu as identifié l'item ou les items sur lesquels agir en priorité, commence par formuler un objectif SMART : spécifique, mesurable, atteignable, réaliste et temporellement défini. Cet exercice est une excellente manière d'entamer le travail de réflexion sur ta situation. Ce n'est pas une course ni un devoir : il s'agit d'un moment pour te comprendre, t'écouter et te donner les moyens d'avancer à ton rythme.
Bon courage, et souviens-toi : chaque petit pas compte. Ce livre est fait pour t'aider à passer à l'action en fonction de ce que tu traverses en ce moment.

Moi et mon travail

Le retour au travail après un congé maternité est une étape aussi décisive que complexe. C'est un moment où se mêlent le désir de retrouver une part de toi-même, l'appréhension de laisser Bébé et le défi d'un quotidien à rééquilibrer. Cette reprise du travail impose un double ajustement : à la maison, où tout s'organise autour des nouveaux besoins familiaux, et au bureau, où tu dois renouer avec tes responsabilités, ta place et, parfois, ta confiance en toi.

Ce passage n'est pas un simple retour en arrière. Tu n'es plus exactement la même qu'avant : tes priorités ont changé. Ce qui semblait évident dans ta vie professionnelle avant l'arrivée de Bébé peut aujourd'hui te paraître bien différent. Pourtant, loin de t'éloigner de tes compétences ou de tes ambitions professionnelles, la maternité peut devenir une force.

Dans cette partie, nous allons explorer toutes les facettes de ce retour au travail et t'accompagner pour :

- **te préparer émotionnellement et logistiquement à la reprise** pour une transition la plus douce possible ;
- **faire un bilan de ton congé maternité** et clarifier ce que cette période a changé pour toi, tant dans ta vie personnelle que professionnelle, pour ajuster les modalités de ta reprise ;
- **renouer avec tes collègues et ton environnement de travail**, retrouver ta place dans l'équipe et réaffirmer ta légitimité ;
- **répondre à tes éventuelles envies de renouveau** ou tes besoins d'ajustement, qu'il s'agisse de chercher plus d'équilibre, de nouvelles opportunités professionnelles ou une protection face à des discriminations ;
- **développer des outils concrets** pour accueillir au mieux les imprévus, les questionnements et les frustrations, et naviguer dans les premiers jours, semaines et mois avec sérénité.

Que tu ressentes l'excitation de reprendre, la peur de ne pas être à la hauteur ou un mélange des deux, cette partie t'accompagnera pas à pas pour trouver des solutions adaptées à ta réalité. Parce qu'il ne s'agit pas simplement de reprendre le travail, mais bien de réinventer ta manière de conjuguer carrière et maternité dans une vie riche de sens et d'équilibre.

1. Faire le bilan de mon congé mat' pour prévoir les modalités de ma reprise

Tu as franchi une étape majeure : donner naissance à ton bébé, le découvrir jour après jour, devenir mère de ce bébé-là, tout en apprenant à trouver un rythme en famille. Cette expérience du post-partum t'a transformée. Et les idées que tu te faisais de l'équilibre entre vie de famille et travail AVANT la naissance ont donc pu évoluer. Avant de reprendre, prends un moment pour faire un point avec toi-même : comment te sens-tu ? Qu'as-tu retiré de ce congé maternité ? Quelles sont tes priorités désormais ?
Ce bilan est une étape précieuse pour poser les bases d'une reprise qui te ressemble.

Prendre le temps de comprendre qui tu es aujourd'hui

Il est fréquent que la maternité bouleverse nos repères : ta façon de voir les choses avant la naissance de ton bébé ne correspond peut-être plus à ce que tu ressens aujourd'hui. Et l'intensité de la période ne permet pas toujours de mesurer ces changements.

« La naissance de ma fille a été une remise en question totale de mon identité. Ça a été un choc de me voir envisager de devenir mère au foyer alors que le travail avait été jusque-là si structurant pour moi. Je n'avais pas d'autre choix que de l'accepter et d'écouter mon désir profond du moment. »

Prendre ce temps de recul en fin de congé maternité va te permettre de clarifier et de mettre des mots sur ce que tu as traversé, ce que tu es devenue et ce que tu souhaites désormais.
C'est une étape essentielle pour t'aider à préparer une reprise qui tienne compte de ta situation réelle : tu as besoin de plus de temps ? Tu as très hâte de reprendre le travail et de souffler hors de la maison ? Tu as des soucis de santé qui vont avoir des répercussions sur ta reprise ?

Quand et comment faire ce bilan ?

Prendre un moment pour faire ce bilan peut sembler difficile dans le tourbillon du quotidien, mais cela t'aidera à y voir plus clair. Quelques minutes sur un thème à la fois peuvent suffire. Choisis un moment calme, seule, avec ton·ta partenaire ou une personne de confiance. Par exemple :

- pendant une sieste de Bébé ;
- le soir après son coucher ;
- lors d'une promenade ou d'un moment de détente qui te permet de réfléchir sereinement.

Munis-toi éventuellement d'un carnet ou de ton téléphone pour noter tes idées.

Quel est le bon moment ?

Il n'y a pas de moment parfait pour faire ce bilan. Si tu te sens prête et que cela te vient naturellement, c'est que c'est le bon

Quelques questions pour t'aider à faire un bilan de ton congé maternité

Voici une liste de thèmes pour t'aider à faire le point. Certains te parleront plus que d'autres, et c'est tout à fait normal. Prends ce temps pour identifier ce qui a bien fonctionné et ce qui a été plus difficile. Ce bilan te donnera des pistes pour organiser ta reprise, clarifier tes souhaits et mieux accompagner tes émotions.

Santé

- Comment s'est passé mon accouchement ? Avec le recul, quels souvenirs ou leçons j'en retire ? Est-ce qu'il y a des choses de cette période que je dois apaiser pour entamer cette nouvelle page avec sérénité ?
- Est-ce que je ressens encore des douleurs ou de l'inconfort ? Est-ce que j'ai des besoins particuliers ou des soins à planifier ? Est-ce que j'ai la réponse à mes questions de santé ?
- Où en suis-je dans mon suivi médical ? Me reste-t-il des rendez-vous médicaux à honorer ou à planifier ?
- Où en suis-je de ma rééducation abdomino-périnéale ? (Praticien·ne identifié·e, séances réalisées ou planifiées...)
- Quel est mon niveau de fatigue ? Ai-je trouvé des moyens pour la gérer au quotidien ?

Bébé

- Comment va mon bébé ?
- Nécessite-t-il un suivi spécifique ? (RGO, prématurité, coliques...)
- Comment est son sommeil ? Ai-je trouvé une organisation qui me convient (pour l'instant) autour de ses nuits ?
- Si j'allaite, comment ça se passe ? Ai-je envie ou besoin de continuer après ma reprise ?

Environnement/organisation

- Est-ce que je me sens suffisamment entourée ? Ai-je les relais nécessaires pour gérer le quotidien à la reprise ?

- Quelle est l'organisation actuelle dans mon couple (courses, ménage, soins de Bébé) ? Qu'est-ce qui devra changer avec ma reprise ? Ai-je identifié des solutions ou des ajustements possibles ?

Couple

- Comment va mon·ma conjoint·e ? Quels sont les défis qu'il·elle traverse en ce moment ?

- Qu'avons-nous appris ou découvert l'un·e sur l'autre depuis l'arrivée de notre enfant ?

- Comment est-ce que je qualifierais notre lien en ce moment ? Est-ce que ça me convient ?

- Y a-t-il des tensions récurrentes ? Pouvons-nous en discuter dans un moment calme ?

- Prenons-nous des moments pour nous retrouver ? Avons-nous des temps pour échanger ?

Émotions

- Comment est-ce que je me sens ? Quelles émotions me traversent en ce moment (Joie, fatigue, peur, fierté...) ?

- Quels apprentissages ou compétences cette maternité m'a apportés ?

- Qu'ai-je découvert sur moi-même pendant cette période ? En quoi suis-je différente de ce que j'avais imaginé ?

- Quelles sont mes craintes ou mes appréhensions ?

- Quelles sont mes envies pour la suite ?

- Comment est-ce que j'envisage ma reprise ? Quelles sont les émotions associées ?

- Est-ce que j'ai complètement coupé avec le travail ou est-ce que j'ai gardé un lien, même informel (annonce de la naissance à mes collègues, Whatsapp avec mes collègues, quelques tâches en particulier si je suis à mon compte...) ?

moment. D'expérience, 1 mois et demi environ avant la date officielle de ta reprise nous semble une bonne période pour faire un premier check-up. Cela te laisse le temps de mûrir des décisions importantes, comme la prise d'un congé parental (voir p. 62).

En une seule fois ou par morceau, c'est ok !

Tu peux fractionner ce bilan en plusieurs étapes : commence par les décisions urgentes comme la prolongation ou non de ton congé maternité, et reporte les sujets moins pressants.
Dans l'idéal, si tu parviens à trouver le temps, prends une bonne heure pour ce bilan : c'est une bonne façon pour te retrouver seule avec toi-même.

Fais-le à ta manière !

Selon ta personnalité, tu peux :

- écrire pour poser tes idées et structurer tes réflexions ;
- réfléchir durant une promenade si le mouvement t'aide ;
- échanger avec un·e proche (choisis alors quelqu'un ayant une oreille attentive, qui t'écoutera vraiment sans projeter sa propre vision des choses).

Et si ça ne va pas...

« J'étais pleine de certitudes, du genre : "Je suis une warrior hyper organisée, je vais gérer." J'ai vite compris que j'avais affaire à une montagne plus haute que je le pensais. »

Faire ce bilan peut être difficile. Le post-partum est une période éprouvante, où se sentir dépassée ou épuisée est parfaitement normal et légitime. Notre société, qui a une image idéalisée de la maternité, laisse peu de place à l'expression du mal-être ; fatigue extrême, envie de retrouver sa vie d'avant ou pensées sombres restent souvent tabous.
Sache que tu n'es pas seule : la maternité n'est un long fleuve tranquille pour personne. Si tu ne te sens pas bien, plusieurs options s'offrent à toi :

- ajuster ton calendrier de reprise pour prolonger ton congé maternité ou prendre un congé parental (voir p. 62) ;
- prendre un rendez-vous médical pour évaluer ton état de santé ou celui de ton bébé ;
- bénéficier d'un arrêt de travail (la fatigue intense est une cause d'arrêt légitime) ;
- négocier un aménagement d'horaires avec ton employeur·euse pour alléger ta charge de travail (voir p. 74).

Ta santé et ton bien-être sont des priorités absolues : écoute-toi et n'hésite pas à demander de l'aide.

2. Préparer ma reprise

Quand commencer à préparer ta reprise ? La réponse dépend de toi ! Il n'y a pas de règle absolue, mais si l'idée te traverse l'esprit, c'est souvent le signe que tu es prête à y réfléchir. Que faut-il prévoir ? D'après notre expérience, une préparation efficace repose sur trois piliers principaux :

- organiser ton retour au bureau ;
- préparer la garde de Bébé ;
- ajuster l'organisation familiale.

Si le premier point ne concerne que toi, les deux derniers se travaillent avec ton·ta coparent·e, acteur·trice indispensable de ta reprise.

Anticiper ou attendre ? Les deux !

Penser à la reprise en plein congé maternité peut te sembler étrange, mais c'est naturel à mesure que la date approche. Des questions peuvent surgir :

- « Comment gérer la crèche avec mon·ma partenaire qui est souvent absent·e ? » ;
- « Est-ce que je devrais prolonger avec un congé parental ? » (voir p. 62) ;
- « Comment faire face à une séparation avec Bébé alors qu'il est si petit ? » (voir p. 141).

Il est utile de distinguer ce que tu peux organiser seule ou en famille et ce qui requiert des discussions avec ton employeur·euse. Certaines décisions peuvent demander du temps, mais rassure-toi : ce qui te semble insurmontable aujourd'hui avec un bébé de 12 semaines peut devenir plus gérable avec un bébé de 17 semaines. Laisse-toi la liberté d'avancer pas à pas et d'adapter tes choix au fil des semaines. Tu pourras même voir que certaines décisions se prendront d'elles-mêmes.

Côté bureau : quand et comment reprendre contact ?

Si tu le souhaites, tu peux initier un contact avec ton entreprise en douceur. Par exemple, tu peux partager une photo de Bébé avec un message léger à ton équipe ou proposer à un·e collègue d'aller prendre un café ensemble pour échanger des nouvelles. Adapte ce retour selon ta proximité avec tes collègues : ne te force jamais à partager plus que tu ne le souhaites, la limite est la tienne.

Si tu reprends à la date prévue, confirme-la et organise les modalités pratiques avec ton·ta manager : date de retour précise, accueil, entretien de reprise, visite médicale... Tu pourras ainsi avoir des premières nouvelles du bureau.

Si tu comptes prolonger ton congé (par exemple avec un congé parental ou pathologique), informe ton employeur·euse de ta demande ou de ta situation, en respectant les délais administratifs (par exemple pour un congé parental, c'est minimum 1 mois avant la date de ton retour initial).

Dans les deux cas, il est recommandé de formaliser ces demandes par écrit, idéalement en recommandé avec accusé de réception. On te conseille de prendre contact 1 mois ou 1 mois et demi avant la date officielle de ta reprise.

LES CONTACTS AVEC L'ENTREPRISE DURANT TON CONGÉ MAT'

Bon à savoir : ton employeur·euse n'a pas le droit de te contacter pendant ton congé maternité, mais il est courant qu'il·elle le fasse 1 mois avant la date de retour. Tu n'es pas obligée de répondre. Et si tu es mal à l'aise face à certaines questions, prends le temps de réfléchir avant de donner une réponse. N'oublie pas : c'est OK de ne pas tout savoir tout de suite ou de ne pas vouloir être transparente. Tu peux répondre par un message d'attente (« J'ai vu que tu m'avais appelée, je te recontacte dans un moment plus propice »).

Lors de ces échanges, n'hésite pas à choisir la modalité qui te convient : proposer un appel téléphonique à un moment favorable pour toi (et pas en pleine séance de tire-lait...), répondre par e-mail... Il est important que ce retour à la communication respecte ton rythme et ta disponibilité.

Si tu es à ton compte, la limite entre « fin du congé maternité » et « reprise officielle » est souvent un peu floue (lorsque tu es indépendante, difficile de ne pas consulter tes e-mails ou de laisser inactifs tes réseaux sociaux). La reprise se traduit alors plutôt par une nouvelle organisation intégrant Bébé dans le quotidien professionnel. C'est le bon moment pour faire le point sur tes objectifs pour les prochains mois et les réajuster en fonction de ta nouvelle réalité de maman. Tu peux également considérer la « vraie » reprise comme le jour où tu retournes dans tes locaux ou celui où tu prends à nouveau des rendez-vous avec des client·es.

Côté Bébé : assurer la transition avec son mode de garde

Trouver le mode de garde idéal pour ton enfant peut être une source de stress, mais c'est aussi une étape cruciale vers une reprise plus sereine.
La mise en place de la garde de Bébé est souvent l'étape la plus chargée en émotions. Peut-être as-tu déjà choisi un mode de garde temporaire, et c'est OK si ce n'est pas définitif. L'essen-

tiel est de trouver une solution qui te rassure suffisamment pour ton retour. Si possible, entame l'adaptation en douceur avant de reprendre le travail pour te familiariser avec les trajets, les horaires, et pour pouvoir te reposer pendant les quelques heures où Bébé est gardé.
Au début, les ajustements sont normaux : il faut apprendre combien de temps prend la préparation de Bébé, tester les trajets ou ajuster les horaires de la crèche. L'idéal est de prévenir la crèche ou le·la nounou que tu tâtonnes pour éviter de te mettre une pression supplémentaire. Si l'adaptation et ta reprise se chevauchent, n'hésite pas à en discuter avec ton employeur·euse pour envisager une première semaine allégée.

Pour tout savoir sur les modes de garde (différences, questions à poser, aides possibles, démarches), tu peux te référer à cette fiche pratique.

Côté organisation : faire le point sur la logistique

La norme veut souvent que ton·ta conjoint·e ait repris le travail avant toi, te laissant en tête à tête avec Bébé. Par la force des choses, tu as pris en charge les soins de Bébé, la gestion des rendez-vous médicaux ou les tâches domestiques.
Ta reprise est donc l'occasion de rééquilibrer les tâches avec ton·ta partenaire, puisque, toi non plus, tu ne passeras désormais plus 100 % du temps à la maison. Il est important d'aborder cette nouvelle organisation de manière proactive pour que chacun·e trouve sa place de manière équitable.

Quelques pistes pour une répartition plus équitable…

…voire une charge allégée le temps de la reprise !

☐ Choisissez un moment calme pour avoir une discussion posée, sans distractions.

☐ Identifiez les aménagements dont ton·ta conjoint·e peut bénéficier : horaires aménagés, flexibilité d'organisation, augmentation du télétravail, suspension temporaire des déplacements professionnels, jours de congé…

☐ Faites le point sur l'expérience de reprise de ton·ta coparent·e : quelles idées ou bonnes pratiques peuvent t'inspirer pour ta reprise ?

☐ Abordez les sujets de réorganisation de manière très concrète : qui gère le matin, qui prépare les repas, qui les donne, qui fait le bain et/ou gère le tunnel du soir, qui gère l'endormissement, qui fait les courses, qui s'occupe des aîné·es…

☐ Mettez en place une organisation pour les premières semaines et prévoyez une réévaluation (au bout de 2 semaines ou de 1 mois, par exemple : qu'est-ce qui a fonctionné ? Que souhaitez-vous faire évoluer ? Avez-vous besoin de soutien (pour le ménage, par exemple) ?

☐ Gardez à l'esprit que cette nouvelle organisation ne sera pas parfaite dès le premier jour. Elle nécessitera des ajustements et de la flexibilité !

Préparer le jour J

Après y avoir pensé depuis des semaines (ou l'avoir relégué au fond de ton esprit !), le jour J est arrivé ! C'est comme une rentrée des classes, à savoir que des émotions variées peuvent t'envahir : joie, culpabilité, stress, fatigue, peur, sentiment de renouveau... Quel que soit ton état d'esprit, ce premier jour est assez symbolique et il est probable que tu t'en souviendras longtemps.

Quelques conseils pour un jour J réussi :

- choisis une tenue confortable et pratique ;
- planifie une reprise en milieu de semaine, et non un lundi. Cela te permettra de te réhabituer en douceur ;
- garde une photo de Bébé à portée de main et prépare une anecdote sur lui. Cela te permettra de répondre à la curiosité des collègues sans être submergée par les émotions. En ce premier jour, tu pourras faire le tour des bureaux et informer tes collègues que tu es de retour et te présenter aux nouveaux·elles ;
- prévois un moment convivial avec ton équipe ou un·e collègue que tu apprécies. L'aspect social du travail est important, et ce retour est une belle occasion de créer ou de renforcer des liens.

Les premiers jours sont souvent intenses (stress des horaires, nouveautés, émotions à tous les étages...) donc facilite-toi la vie :

- à la maison, privilégie des repas simples et pratiques ;
- évite les engagements superflus comme l'organisation d'un événement familial ;
- demande du relais si besoin (conjoint·e, ami·es, famille).

La check-list du jour J

Il ne te reste plus qu'à cocher pour vérifier que tu es prête !

- ☐ Ma tenue est prête.
- ☐ Mon sac de travail est prêt.
- ☐ Le sac pour Bébé est prêt.
- ☐ J'ai expliqué à Bébé ce qui allait se passer.
- ☐ Je sais qui s'occupe de quoi pour Bébé aujourd'hui.
- ☐ J'ai enregistré le numéro de la crèche/du·de la nounou dans le répertoire de mon téléphone.
- ☐ J'ai testé mon tire-lait et ma glacière si j'allaite.
- ☐ Je sais ce que je vais faire en arrivant au bureau et qui je rencontre.

Puis le jour J :

- ☐ Je cale un moment d'échange informel avec un·e collègue que j'apprécie.
- ☐ Je prévois avec qui et où je déjeune (voire j'ai préparé mon encas).
- ☐ Je prends 5-10 minutes pour souffler seule après mon premier jour avant de retrouver Bébé.

3. Prolonger mon congé maternité

Si tu te dis que la reprise approche à grands pas et que tu te verrais bien prolonger un peu ton congé maternité, sache que tu n'es pas seule dans ce cas !
Les raisons d'une jeune maman de vouloir repousser sa reprise sont nombreuses : un congé maternité assez court en France avec un bébé encore petit quand on doit le laisser, une absence de solution de garde, un allaitement balbutiant qu'on ne souhaite pas bousculer, une fatigue importante...
On fait le point ici sur les options qui s'offrent à toi si tu es dans l'un de ces cas et que tu souhaites prolonger ton congé maternité.

Te sentir légitime

Pour paraphraser le titre du livre de la sage-femme Anna Roy, le post-partum dure 3 ans[1]. Les conséquences physiques et psychologiques de la naissance demandent souvent plus de temps pour s'ajuster que les quelques semaines offertes par le congé maternité. Tu peux légitimement avoir besoin de plus de temps à la maison, en tête à tête avec ton bébé, avant de plonger dans le bain de la reprise. Le propos de notre livre est justement d'expliquer que le post-partum et les ajustements qu'il demande ne s'arrêtent pas à la porte du bureau !
Ton ressenti est ta meilleure boussole. Ne te laisse pas influencer par des remarques extérieures ou des petites voix intérieures qui te diraient que « tout le monde y arrive ». Si tu as les moyens

1 Anna Roy (avec la collaboration de Caroline Michel), *Le post-partum dure 3 ans – Alors laissez-vous du temps !*, Paris, Larousse, 2023.

de prolonger ton congé (parce que, soyons honnêtes, prolonger un congé maternité a un coût) et que c'est ce dont tu as besoin, fais-le sans culpabilité. Cela ne signifie pas que tu es une « mère fusionnelle » ou « une femme pas ambitieuse ».
Si, au contraire, tu ressens l'envie de reprendre plus tôt, c'est tout aussi valable ! Il n'y a pas de bonne ou mauvaise décision.

UN CONGÉ MATERNITÉ JUGÉ TROP COURT… ET TRÈS SOUVENT PROLONGÉ

Lors de notre grande enquête en 2021 sur le retour de congé maternité, plus de 7 femmes sur 10 nous ont indiqué qu'elles avaient prolongé leur congé maternité au-delà du délai légal.
Selon une étude de la Direction de la recherche, des études, de l'évaluation et des statistiques (DREES) sur les modes de garde datant de 2023, 40 % des mères ont prolongé leur congé maternité par d'autres types de congés. Plus de 50 % d'entre elles étaient cadres ou appartenaient à la catégorie des professions intellectuelles supérieures.
Ces données attestent à quel point la prolongation est un besoin partagé. D'ailleurs, dans son rapport de 2024 sur la politique de petite enfance, à la suite de son travail d'étude et d'auditions, la Cour des comptes préconise d'allonger de 1 mois le congé maternité. Espérons que les femmes seront rapidement entendues à cet égard !

Le tableau des différentes options

Voici un tableau synthétique des options qui s'offrent à toi pour prolonger ton congé maternité. Il récapitule les options possibles dans le cas de situations « classiques ».

Quelques conseils:

- Certaines entreprises prévoient également dans leur convention collective ou leurs accords internes des dispositifs pour allonger le congé maternité ou paternité. Pense à te renseigner auprès de ton interlocuteur·trice RH ou des autres parents de l'entreprise (les managers direct·es ne connaissent pas toujours toutes les subtilités). Ce serait dommage de te priver de cette possibilité si elle existe !

- Il est bon de noter qu'à l'exception du report de congé prénatal (que tu as pu activer en amont de ton départ en congé maternité) et du congé postnatal pathologique, les congés sont ouverts également au père ou au·à la coparent·e. En fonction de ta situation familiale, ton·ta conjoint·e pourra peut-être être celui·celle qui prendra ce congé ! N'hésitez pas à en parler ensemble et à évoquer toutes les possibilités qui s'offrent à vous.

- Certaines situations particulières (prématurité, handicap de l'enfant, hospitalisation...) peuvent ouvrir d'autres possibilités. N'hésite pas à demander de l'aide aux assistant·es sociaux·ales des services médicaux qui t'ont accompagnée à ce sujet.

Le congé pathologique postnatal	
Définition	Arrêt médical lié à des complications post-accouchement. Comme son nom l'indique, il s'agit d'un arrêt de travail délivré par un·e médecin en raison de ton état de santé ou de celui de Bébé en lien avec l'accouchement : césarienne, dépression du post-partum, santé du bébé…
Durée	4 semaines maximum, qui sont prises directement à la suite du congé maternité (pas de jours de carence).
Rémunération	Tu es rémunérée par des indemnités journalières versées par l'Assurance Maladie pour congé maladie et non pour congé maternité. Cela représente environ 50 % de ton salaire journalier de base, parfois complété par l'entreprise.
Démarches à effectuer	C'est un arrêt de travail délivré par le·la médecin après une consultation. Le certificat médical doit préciser la raison de cet arrêt. Tu dois ensuite envoyer ce certificat médical à ton employeur·euse et à l'Assurance Maladie avec accusé de réception.
Bon à savoir	Le congé pathologique postnatal n'est pas un congé « de droit » : il n'est donc pas ouvert automatiquement à toutes les mères et il doit être justifié. L'allaitement ou l'absence d'un mode de garde ne sont pas des critères pour l'obtenir (le congé allaitement a été supprimé en 1975 en France). Certain·es médecins sont plus soutenant·es que d'autres pour le prescrire.

Le congé sans solde	
Définition	Suspension de ton contrat de travail sans rémunération. Il s'agit d'un congé pour convenance personnelle. Il n'est pas encadré par le Code du travail, et son organisation résulte d'une négociation avec ton employeur·euse. Ton contrat de travail est suspendu le temps du congé.
Durée	À négocier avec ton employeur·euse.
Rémunération	Le congé sans solde n'est pas rémunéré. Si tu disposes d'un compte épargne-temps (CET), il est possible de l'utiliser pour « financer » ce congé, à condition que cela figure dans l'accord d'entreprise encadrant le CET.
Démarches à effectuer	À négocier avec ton employeur·euse. Nous te recommandons de le faire par écrit.
Bon à savoir	Certains accords d'entreprise ou certaines conventions collectives encadrent les modalités de ce congé. Si tu es fonctionnaire, ce congé sans solde équivaut à une demande de mise en disponibilité.

Le report de congés payés ou de RTT	
Définition	Utilisation des congés non soldés accumulés. Les congés et les RTT accumulés précédemment peuvent être pris à la suite du congé maternité, et ce même si ton congé maternité se termine après la date de prise des congés habituelle dans ton entreprise. Exemple : si tu dois poser tes congés avant le 31 mai de chaque année et que tu rentres de congé maternité fin juin, les congés accumulés sur la période précédente sont encore disponibles.
Durée	Selon le solde disponible. Tu disposes d'autant de congés payés ou de RTT que ceux qu'il te restait à poser avant ton départ en congé maternité.
Rémunération	Il s'agit de congés payés, donc tu es rémunérée de la même façon qu'en temps de travail effectif.
Démarches à effectuer	• **Avant ton départ en congé maternité :** parles-en avec ton·ta référent·e RH. • **Pendant le congé :** envoie une lettre de demande de report des congés payés à ton employeur·euse.
Bon à savoir	La période de congé maternité est assimilée à du temps de travail effectif, donc, pendant ton absence, tu cumules des congés payés mais pas de RTT.

Le congé parental d'éducation	
Définition	Droit légal de suspension ou réduction du temps de travail pour élever l'enfant. Le congé parental a été expressément prévu pour la situation où ton·ta conjoint·e ou toi souhaites continuer à s'occuper de ton enfant après la fin du congé maternité ou paternité. Une demande de congé parental ne peut pas être refusée par ton employeur·euse, c'est un droit. On distingue deux modalités : ● le congé parental à temps plein ; ● le congé parental à temps partiel (le fameux «4/5e» dont les parents parlent régulièrement). Il peut être pris à la suite du congé maternité ou paternité, ou après la reprise du travail.
Durée	**Si tu es salariée dans le privé :** ● le congé parental d'éducation a une durée initiale de maximum 1 an. Il est ensuite possible de le prolonger deux fois, sans dépasser le 3e anniversaire de l'enfant ; ● la durée est à ton libre choix, mais tu ne pourras faire que trois demandes (la demande initiale et deux demandes de prolongation). Ainsi, si ta première demande porte sur 2 mois, la deuxième sur 3 mois supplémentaires et la troisième sur 2 mois supplémentaires, la durée totale de ton congé parental n'excédera pas 7 mois et cela même si les 3 ans de ton enfant ne sont pas révolus ; ● tu ne peux pas reprendre le travail avant la fin de ton congé parental (sauf à justifier d'une situation nouvelle de précarité). **Si tu es fonctionnaire :** ● le congé parental est d'une durée minimale de 2 mois et accordé par périodes renouvelables de 2 à 6 mois ; ● le renouvellement doit être demandé au moins 1 mois avant la fin de la période de congé parental en cours ; ● il est renouvelable jusqu'aux 3 ans de l'enfant.

Rémunération	Le congé parental d'éducation n'est pas rémunéré. **Si tu es en congé parental à temps complet,** tu ne perçois aucune rémunération, ton contrat de travail est suspendu. **Si tu es en congé parental à temps partiel,** tu perçois un salaire de ton employeur·euse au prorata de ton temps travaillé. En fonction de ta situation, tu peux bénéficier de la prestation partagée d'éducation de l'enfant (PreParE), une allocation versée par la CAF. Attention, son versement n'est pas toujours compatible avec celui du complément de mode de garde que la CAF te verse pour financer ta crèche ou ton·ta nounou. ***Pour en savoir plus :***
Démarches à effectuer	• **Si tu souhaites « enchaîner » un congé parental à la suite de ton congé maternité,** tu dois en faire la demande au moins 1 mois avant la date de fin de ton congé maternité. • **Si tu souhaites prendre le congé parental alors que tu as déjà repris le travail,** tu dois en faire la demande 2 mois avant la date choisie pour le départ en congé parental. La demande doit être faite par écrit (le mieux étant un courrier avec accusé de réception, même si la demande a été faite à ton·ta manager ou ton interlocuteur·trice RH par oral dans le cadre d'échanges informels). Elle doit comporter : - le temps de congé parental souhaité ; - les modalités : temps plein ou temps partiel; en cas de temps partiel, tu dois indiquer le temps de travail minimal que tu souhaites réaliser (mi-temps, 4/5e…).

Bon à savoir	Il n'est pas toujours facile de faire une demande de congé parental à son employeur·euse, notamment lorsque cette possibilité n'avait pas été évoquée au moment du départ en congé maternité : tu peux avoir le sentiment de « gêner » ton·ta manager et les équipes. Nous comprenons ce sentiment, mais rappelle-toi qu'il s'agit d'une demande légale. Au moment de rédiger ton courrier, reste factuelle sur la situation qui t'amène à faire une demande de congé parental. Ton employeur·euse n'a pas besoin de tout savoir. N'hésite pas à faire relire ton courrier par une personne extérieure en qui tu as confiance. Dans le cadre d'un congé parental à 4/5ᵉ, il n'est pas rare que l'employeur·euse ne modifie pas la fiche de poste du·de la salarié·e et qu'on se retrouve à faire son travail en 4 jours au lieu de 5. Il est donc important d'évoquer ce sujet avec ton employeur·euse lors de ton entretien de retour (voir p. 77). Si c'est possible pour toi, un 3/5ᵉ permet plus facilement d'éviter cette confusion. Tu peux tout à fait enchaîner une première demande de congé parental à temps plein, suivie d'une deuxième demande de congé parental à temps partiel. Pratique si tu souhaites aménager une reprise en douceur avec 2 mois à temps plein puis 8 mois à temps partiel, par exemple. Depuis l'arrêt de la Cour de cassation en 2023, le droit français s'est mis en conformité avec le droit européen : dorénavant, tu peux reporter tes congés payés après ton congé parental d'éducation même si la période de référence a été dépassée. Ainsi, pas besoin de solder tes congés avant de prendre ton congé parental !

4. Organiser ma reprise de poste

On pourrait penser que la reprise se résume à fermer la parenthèse de la maternité, pour reprendre le fil de son travail là où on l'avait laissé : on enfile des chaussons douillets, déjà faits à nos pieds. Pourtant, même si tu reprends exactement au même poste, ce n'est pas aussi simple. Cette période où tu refais tes premiers pas au travail s'appelle le « re-onboarding », c'est-à-dire littéralement le fait de remonter à bord ! Voyons ensemble comment appréhender ta fiche de poste et ta charge de travail en prenant en compte les changements – ceux qui ont eu lieu dans ta vie et ceux de l'entreprise.

Reprendre tes marques progressivement

On va commencer par tordre le coup à cette idée reçue bien ancrée dans notre inconscient collectif : non, le « retour au travail » n'est pas instantané. Ce n'est pas parce que tu franchis la porte du bureau que tu redeviens immédiatement « comme avant », en maîtrise des dossiers et prête à jongler entre travail et famille, oubliant que tu es une femme qui vient d'accoucher, encore en post-partum.

Accepter que ce processus prend du temps (parfois plusieurs mois) t'aidera à relâcher la pression.

Rassure-toi, tu n'es pas la seule. Dans notre enquête, 75 % des mères déclarent qu'il leur a fallu entre 1 et 6 mois pour se sentir pleinement de retour. Pour 1 femme sur 4, cela prend encore plus de temps...

Que tu sois salariée ou indépendante, cela peut se traduire par le fait que tu as du mal à retrouver des automatismes, par la sensation que tu n'es pas à l'aise avec tes dossiers en cours ou par l'impression de ne pas retrouver ta place dans l'équipe.

Cela arrive à tout le monde durant les premiers mois. Ne te mets pas trop de pression et avance étape par étape.

T'adapter quand le poste a changé

Légalement, ton poste ne doit pas être modifié sans ton accord (article L1225-25 du Code du travail). Pourtant, des changements subtils peuvent avoir eu lieu : un déplacement de ton bureau, un réaménagement des tâches ou une nouvelle organisation. Dans notre enquête de 2021, près de 1 femme sur 3 nous a confié avoir retrouvé un poste ou un environnement de travail différents de celui qu'elles avaient.

> *« Pour que mon absence soit bien gérée par l'équipe, j'avais laissé toutes les infos pour que quelqu'un prenne le relais. Et à mon retour j'ai perdu ces projets car le relais n'a pas été fait dans l'autre sens. »*

Même si tu trouves ces changements légitimes ou compréhensibles, ils peuvent être difficiles à vivre pour toi. Prends le temps d'observer : que remarques-tu dans ton environnement ? Les processus sont-ils les mêmes ? Les responsabilités ont-elles été redistribuées ? Y a-t-il eu du turnover et quelles répercussions cela a-t-il sur ton travail ? Les priorités stratégiques ont-elles changé ?
Note ces observations et planifie un échange avec ta hiérarchie pour clarifier les attentes et discuter des ajustements nécessaires.

Faire un re-onboarding, comme une prise de poste en soi

Que ton poste ait évolué ou non, considère ta reprise comme une nouvelle prise de poste. Pendant ton absence, l'entreprise, l'équipe ou les dossiers ont évolué.
Si ton employeur·euse ne propose pas un processus de re-

onboarding, qui consiste à faciliter ton intégration, n'hésite pas à le suggérer : « Marc, après 5 mois d'absence, c'est comme si je rejoignais une nouvelle équipe. Pourrais-tu m'accompagner dans cette phase d'intégration ? »
Les managers sont rassuré·es par cette analogie, car c'est une situation qu'ils·elles connaissent et savent gérer, et ils·elles peuvent même parfois se reposer sur des procédures déjà en place.

Fiche pratique d'un re-onboarding réussi

Nous te proposons cette liste de points à vérifier à ta reprise pour faire le tour de ton poste et te poser les bonnes questions. Nous te conseillons aussi de prévoir un petit carnet dédié à cet effet !

- ☐ **Ton environnement de travail :** as-tu accès à tout (bureau, affaires, outils, logiciels, mots de passe...) ?
- ☐ **L'historique des projets :** où en sont les dossiers dont tu avais la charge ? quelles sont les priorités actuelles ? as-tu des besoins de formation (nouveau logiciel, nouveau process métier...) ?
- ☐ **L'équipe :** qui fait quoi ? Qui sont les nouveaux·elles interlocuteur·trices ? À qui est-ce que tu te réfères pour tel sujet ? Quid de la passation des dossiers ?
- ☐ **Le calendrier :** quels sont tes objectifs à court terme ? Quelles sont les échéances pour les prochaines semaines et les prochains mois (à 30/60/90 jours) ?

Reprendre le fil des dossiers et des missions

Une grande partie de ton retour au travail consiste à reprendre en main des missions ou des tâches que d'autres personnes ont gérées en ton absence ou qui ont été mises en stand-by.

La « qualité » de ton remplacement a nécessairement des répercussions sur ta reprise et cela peut être utile d'en prendre conscience pour ne pas culpabiliser ! Malgré ta bonne volonté, certaines situations peuvent mettre du temps à se stabiliser, et c'est normal.

• **Ton poste a été couvert par un·e remplaçant·e :** si cette personne est encore là à ton retour, il·elle constitue un précieux binôme pour faciliter ta reprise en douceur. Il y a un temps de passation à prévoir de façon explicite avec ta hiérarchie. Cela peut également être un peu intimidant et pesant de passer après quelqu'un qui a imprimé ses propres méthodes dans tes dossiers !

• **Tes tâches ont été réparties dans l'équipe :** il est possible que tu ne retrouves pas ton contenu de poste intact. Cela peut parfois accentuer l'impression de te sentir étrangère à ton travail, de ne pas reconnaître tes missions, de te sentir mise de côté avec des difficultés à retrouver ta place... Comme dans un jeu de taquin, tu auras sans doute besoin de temps pour retrouver un nouvel équilibre ! La communication sera ton alliée.

• **Tes tâches n'ont pas été assurées pendant ton absence :** il est probable que l'entreprise attend ton retour de pied ferme ! Cela risque d'entraîner une surcharge temporaire à ton retour. Nous te conseillons vivement de mettre en place un calendrier de retour progressif pour éviter de te sentir submergée.

Et parfois, c'est un mix de ces situations qui se présente.

Calibrer ta charge de travail

Le sentiment d'être submergée est courant lors d'une reprise. Le risque de l'effet « double journée » est réel, les premiers temps, avec un double besoin : trouver des solutions à la fois à la maison et au bureau pour que tout fonctionne !
Pour éviter de te sentir constamment débordée par ta liste de tâches, essaie d'être réaliste dans ton évaluation. Il est important de ne pas te surcharger dès le départ, mais plutôt de réfléchir sur un moyen terme, avec une montée en charge progressive.

Quelques conseils pour trouver un rythme de croisière

☐ **Créer un plan réaliste** (et motivant !) : liste les tâches prioritaires pour les 2, 4 et 6 semaines suivant ton retour.

☐ **Mesurer le temps réellement disponible :** si tu sais que tes journées sont écourtées parce que tu vas chercher ton bébé à la crèche le soir ou que tu es désormais en 4/5e, il est important d'ajuster ta to-do list à ta nouvelle réalité.

☐ **Fixer des objectifs SMART :** de bons objectifs doivent être spécifiques, mesurables, atteignables, réalistes et temporellement définis. Reprends ta to-do list avec cette grille en tête pour t'aider à la calibrer. Par exemple, cela peut donner : « Relire les comptes rendus et les e-mails échangés sur le dossier X avant la prochaine réunion client, qui a lieu dans 3 semaines. »

☐ **Réfléchir en grandes priorités** : à quoi ton temps doit-il principalement être alloué ? À un dossier ou un·e client·e spécifique ? À une mise à jour de fichier ? À une formation à un nouvel outil ? Cela te permettra de faire plus facilement des arbitrages au quotidien.

☐ **Partager tes objectifs et tes deadlines.** Nous te le rappelons : tu n'es pas seule ! Il est important de te mettre d'accord avec ton·ta responsable et tes collègues sur tes objectifs, tes priorités et ton calendrier. Cela t'enlèvera beaucoup de pression si ceux-ci sont partagés et concertés.

☐ **Identifier les limites de responsabilité.** Rien de plus chronophage que de ne pas savoir qui est réellement en charge... Si tu sens un flou, prends le temps d'en discuter avec les parties concernées.

☐ **Faire un bilan à mi-parcours**, au bout de 1 mois et demi post-reprise. Tu pourras identifier les éventuels besoins d'ajustement mais aussi te féliciter du chemin parcouru ! Tu t'épargneras ainsi l'impression de faire les choses mal, trop tard, trop lentement...

Adopter une reprise progressive

Une reprise progressive peut t'aider à réduire le stress du retour. Certaines entreprises ont mis ce système en place : les jeunes mères reprennent le travail à 50 % la première semaine, puis à 80 % le premier mois, tout en étant payées à 100 %.
Ces entreprises envoient ainsi un signal fort à leurs employées en prenant en compte ces enjeux de transition entre la maison et le bureau !

Si l'entreprise où tu travailles n'a pas mis en place un tel système, tu peux créer ta transition à ton échelle. Voici quelques idées :

- **pose des RTT**. Par exemple, 1 journée de RTT hebdomadaire pendant les 6 premières semaines pour souffler, passer du temps avec Bébé... ;

- **ajuste ton calendrier et ton périmètre de travail** les premières semaines, voire idéalement les premiers mois, en le validant avec ton employeur·euse et ton équipe ;

- **demande des horaires aménagés** les premiers mois, réévalue le nombre et les modalités des jours de télétravail, négocie un temps partiel temporaire...

Demande-toi comment tu te sens : es-tu toujours motivée ? épanouie ? Il est naturel de se sentir un peu en décalage les premières semaines. Si tu te sens mal durablement, il est peut-être temps de prendre un temps de recul afin de voir si tu es confrontée à un problème structurel (voir p. 95 « Agir si je ressens un besoin de changement »).

N'oublie pas que l'équilibre n'est pas figé : c'est une succession de déséquilibres que tu corriges en permanence. Si tu te sens sur le fil par moments, c'est tout à fait normal, et ce sentiment s'atténuera au fur et à mesure que tu trouveras ton rythme.
Tu as probablement déjà expérimenté cela avec Bébé : tu éprouves la satisfaction d'avoir trouvé une bonne routine, puis soudain, parce qu'il sort une dent ou fait une poussée de croissance, tu as l'impression que tout est à revoir, avant que ce sentiment aussi passe. Accepter cette impermanence te permettra de vivre cette période avec plus de sérénité.

5. Installer un cadre de travail propice grâce à un entretien de retour

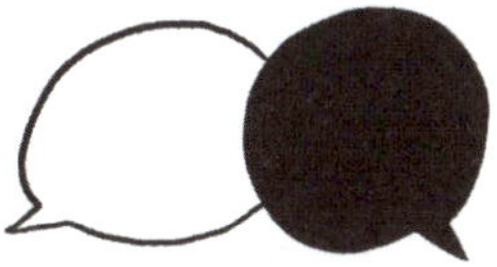

Comme après toute longue absence, il est nécessaire de faire le point au bureau. L'article L6315-1 du Code du travail prévoit un « entretien professionnel avec son employeur consacré à ses perspectives d'évolution professionnelle, notamment en termes de qualifications et d'emploi » à l'issue d'un congé maternité ou d'un congé parental. L'entretien de retour est une opportunité essentielle pour :

- poser les bases de ta réintégration ;
- clarifier tes attentes et celles de ton employeur·euse ;
- ajuster ton organisation selon ta nouvelle réalité.

Nous te conseillons d'en faire un véritable moment de lien avec ton·ta manager et/ou ton·ta référent·e RH pour aborder ton retour sous tous ses angles. Si ton employeur·euse a oublié de te le proposer, prends les devants : c'est une chance de faciliter ton retour.

Organiser un entretien efficace

Voici quelques bonnes pratiques pour préparer ce rendez-vous.

Prévoir un temps dédié

L'entretien de retour doit être un moment d'échange privilégié avec ton·ta responsable. Prends le temps de fixer un vrai créneau, pendant lequel vous ne serez pas interrompu·es. Évite l'échange informel entre deux portes ou la conversation bâclée de 5 minutes à la fin d'une réunion d'équipe !

Le fixer dans les deux ou trois jours qui suivent ton retour

Puisque cet entretien va grandement t'aider à identifier ta feuille de route des prochaines semaines, mieux vaut qu'il ait lieu le plus tôt possible. Rien de pire que d'arriver au bureau et ne pas savoir quoi faire ou où se mettre...

Prendre le temps

Un entretien de 1 heure est l'idéal pour aborder tous les sujets : tes attentes, les objectifs à court et long terme, ainsi que les aménagements éventuels à envisager. Tu as besoin de temps pour poser tes questions et organiser les choses avec ton·ta manager.

Choisir le·la bon·ne interlocuteur·trice

Selon la structure de ton entreprise et ta situation individuelle, il peut être utile d'avoir un échange avec ton·ta manager hiérarchique, ton·ta manager fonctionnel·le (sur certains projets) ou le·la RH en charge des aménagements de poste par exemple. Si nécessaire, tu peux même organiser deux entretiens distincts pour couvrir tous les aspects.

Prévoir un ordre du jour qui te convient

Établis au préalable un ordre du jour précis. Ainsi, tu t'assureras que la discussion est cadrée et tu éviteras les mauvaises surprises. Tu auras ainsi le temps de bien te préparer en amont en mettant à jour tes objectifs et tes attentes, en prenant le temps de formuler tes demandes…

Assurer un suivi

À la fin de l'entretien, adresse un compte rendu à ton·ta manager. Cela permettra de garder une trace des engagements pris et de spécifier ce qui reste à préciser, le calendrier…
Nous te conseillons de proposer un rendez-vous de suivi 1 ou 2 mois après. Ainsi, le rendez-vous sera déjà pris et tu t'épargneras la gêne ou l'appréhension de le solliciter de nouveau. Ce sera l'occasion d'ajuster ce qui doit l'être. Et si tout se passe comme sur des roulettes, ça sera l'occasion de vous féliciter mutuellement !

Attention, ne mise pas tout sur l'entretien

Il ne va pas tout résoudre d'un coup. Parfois, tu seras déçue. Rappelle-toi qu'il n'a pas vocation à être exhaustif ni définitif. C'est un point de départ, un cadre, et tu pourras prendre le temps de rectifier ensuite en fonction de tes besoins et de tes observations.

La check-list de l'entretien professionnel de retour

OK, tu es prête et motivée à réaliser cet entretien. Voyons ensemble la liste des thèmes à aborder à cette occasion !

Point sur les évolutions internes

☐ Demander à connaître l'actualité des derniers mois et les nouveaux repères : nouveaux·elles collègues, réorganisation, interlocuteur·trices privilégié·es, nouvelles priorités stratégiques de l'entreprise ou du service.

Révision de ta fiche de poste et de tes missions

☐ Repasser en revue ta fiche de poste : tes missions et les priorités, les dossiers en cours et la passation, ton rattachement hiérarchique ou fonctionnel.

Objectifs à court et moyen terme

☐ Faire le point sur tes objectifs à 30, à 60 et/ou à 90 jours et évaluer ta charge de travail. Si tu reprends le travail à 4/5e avec un congé parental à temps partiel, c'est un sujet particulièrement important, afin de ne pas te retrouver à devoir faire en 4 jours ce que tu faisais en 5.

☐ C'est le moment aussi de partager clairement tes objectifs et de mettre en place un calendrier.

☐ Faire part de tes souhaits pour l'avenir : tes éventuelles envies de changement de poste, ou tes besoins de formation ou d'évolution.

Besoins spécifiques ou aménagements nécessaires

☐ Évoquer ta santé si celle-ci nécessite des aménagements de poste : ergonomie, poste mobile, besoin accru de télétravail les premiers temps...

☐ Si tu continues à allaiter, faire connaître tes attentes : pauses, espace disponible pour tirer ton lait...

☐ Exprimer tes besoins en lien avec tes nouvelles contraintes (horaires liés au mode de garde, horaires de ton·ta conjoint·e, exposition à des polluants dans le cadre professionnel qui pourraient être dangereux si tu allaites...) et négocier des aménagements.

☐ Connaître tes droits et ressources. Interroge ton·ta manager sur les mesures dédiées à la parentalité dans l'entreprise.

☐ Prendre date pour un entretien de suivi avec ton·ta manager pour faire le point dans les prochains mois.

Et si tu es ton propre chef ? T'inspirer des bonnes pratiques de l'entretien de retour

Si tu travailles à ton compte, la manager c'est toi ! Or on est parfois le pire chef qui soit pour soi-même : on ne respecte pas les horaires, on se parle mal, on se fixe des objectifs inatteignables... Nous t'encourageons donc à t'inspirer de la base d'entretien ci-dessus pour être douce avec toi-même et te fixer des objectifs réalistes. Tu peux également utiliser cette trame pour faire le point avec un·e associé·e.

Faire face aux situations fréquentes lors de l'entretien de retour

« J'ai besoin d'aménagements du temps de travail, mais je ne sais pas ce qu'il est légitime de demander ni comment le faire... »

Il peut être délicat de savoir jusqu'où aller dans l'évocation de ta vie personnelle pour justifier des aménagements. Pour déterminer la limite, concentre-toi sur l'impact de tes contraintes personnelles sur ton organisation professionnelle, sans entrer dans les détails. Il ne s'agit pas d'aborder la situation personnelle en tant que telle.
Si par exemple tu souhaites organiser ton 4/5e en prenant ton jeudi parce que c'est également le jour où tu dois déposer ton aîné·e chez son père, indique simplement : « J'ai une contrainte personnelle forte les jeudis, donc pour être la plus efficace possible et que ça ne pèse pas sur les collègues, je souhaiterais poser mon jour de congé ce jour-là. » Pour approfondir le sujet, voir p. 91 « Ajuster la frontière vie pro/vie perso au bureau ».

« Je me rends compte après l'entretien que mes besoins ont évolué ou que j'ai oublié d'évoquer un point »

Si l'entretien a eu lieu très vite après ton retour au bureau, il est fort probable qu'en prenant tes marques ou après avoir discuté avec Leïla et Patrick, de nouvelles idées ou des besoins émergent. Tu n'es évidemment pas la même à J0 ou J35 post-reprise.

Pas de panique, les discussions qui ont eu lieu à cet entretien ne figent rien dans le marbre ! Tu pourras retourner voir ton·ta manager pour faire le point au moment idéal pour toi.

« Je suis prise au dépourvu par une question de mon·ma manager »

Tu n'es pas obligée de répondre immédiatement. Si une question ou une proposition te met mal à l'aise, tu peux tout à fait demander un temps de réflexion : « Je vais y réfléchir et je reviendrai vers toi dans les prochains jours. » Prends le temps de noter la demande et d'y réfléchir à tête reposée.
Il en est de même pour les propositions qui te sont faites et qui ne te conviennent pas : « Je prends note de comment tu vois les choses, j'avais pensé différemment, laisse-moi le temps d'y réfléchir. »

Quand l'entretien de retour et l'entretien d'évaluation se chevauchent

Parfois, les calendriers se télescopent, et l'entretien de retour a lieu au même moment que les entretiens d'évaluation. Or ces entretiens, quoique tous deux importants, n'ont pas le même objectif :

- l'entretien de retour est centré sur la transition et la réintégration ;
- l'entretien d'évaluation porte sur les performances passées et les objectifs à long terme.

Tu peux légitimement te poser des questions comme « Comment vais-je être jugée à mon entretien d'évaluation malgré mon absence ? » ou « Comment vais-je être rémunérée ? Vais-je être augmentée ou toucher les primes malgré mon absence ? ».
Garde en tête que les sujets de résultats, d'augmentation ou de promotion sont à réserver à l'entretien d'évaluation. Tu peux néanmoins exprimer tes attentes ou tes inquiétudes lors de l'entretien de reprise si tu en ressens le besoin.

Pour approfondir le sujet, voir p. 102 « Faire en sorte que ta maternité ne soit pas un frein à ton ambition... ».

Les 4 types de managers

Ton expérience de l'entretien de retour dépendra aussi du style de management de ton·ta responsable et de la nature de vos rapports. Parcourons ensemble cette petite galerie de portraits des managers.

Le·La manager « copain·ine »

Il·Elle fait partie de ceux·celles qui ont eu des nouvelles de ton bébé avant même ton retour et il·elle t'accueille avec des chouquettes pour papoter à la machine à café le jour de ton retour.

Avantages : vous avez une relation de confiance, il·elle veut que tu sois à l'aise et a à cœur de faciliter ton retour.

Risques : il est possible que tu prennes sur toi et repousses tes limites pour lui faire plaisir. Vous avez plus de difficultés à parler des choses qui fâchent.

Conseils :
- même si vous avez une bonne relation, prends le temps de poser les sujets sensibles et fais preuve de professionnalisme en organisant un entretien formel avec un moment dédié et un ordre du jour que tu auras préparé ;
- tire profit de votre relation de confiance en étant dans la coconstruction : « Je crains X, mais tu as peut-être une idée pour y faire face ? »

Le·La manager distant·e ou peu concerné·e

Il·Elle n'a pas pris le temps de t'accueillir, marque son étonnement en te voyant au bureau ou fait comme s'il ne s'était rien passé.

Avantages : tu as plus de liberté d'action, il·elle ne te surveille pas de près... Il·Elle n'a rien prévu ni anticipé ? Soit, prends les devants et fais ce qui t'arrange, ce qui te convient.

Risques : tu risques de manquer de soutien ou d'encadrement. Tu vas devoir te retrousser les manches, solliciter, demander, argumenter... et c'est un peu fatigant.

Conseils :
- prends les devants pour organiser l'entretien, et sois proactive et précise sur l'ordre du jour ;
- sois factuelle et professionnelle dans tes demandes, car l'émotionnel n'est sans doute pas le fort de ton·ta manager, par exemple ainsi : « Comme tu le sais, j'ai repris à 4/5e pour 6 mois, aussi voici l'organisation que j'ai imaginée en collaboration avec mon·ma collègue Z » ;

• il·elle n'est vraiment pas à l'écoute ? Construis ton réseau de soutien sans lui·elle : fais un entretien avec ton·ta référent·e RH, rencontre d'autres jeunes parents de l'entreprise pour leur demander des tips sur leur organisation...

Le·La manager qui « sait tout »

Les nuits courtes, le jonglage pro/perso, il·elle connaît ça très bien : il·elle est déjà passé·e par là, soit parce qu'il·elle est déjà parent, soit parce que sa sœur est rentrée de congé maternité il n'y a pas longtemps et que donc... il·elle est persuadé·e de tout savoir !

Avantages : il·elle est sensibilisé·e aux enjeux du retour, il·elle a globalement en tête les types de contraintes que tu peux rencontrer et pourra être force de proposition.

Risques : il·elle pourrait présumer de tes besoins sans vraiment te laisser la parole. Il·Elle pourrait prendre l'initiative d'aménagements à ta place, sans te consulter, au risque que cela ne te convienne pas du tout.

Conseils :
• remercie-le·la pour les initiatives prises, mais veille à ce que tes priorités soient entendues. Sois très claire sur tes attentes : « C'est très gentil que tu souhaites me soulager du dossier X, mais m'en occuper me donne justement de la motivation pour mon retour » ;
• propose-lui des « tests » : « OK pour fonctionner de cette façon pendant 2 mois mais ensuite on fait le point et on réajuste. »

Le·La manager sous pression

Il·Elle est très content·e de te voir revenir parce qu'il·elle a des objectifs à atteindre, une équipe à faire tourner (qui était peut-être en sous-effectif) et que tu arrives à point nommé pour le·la soulager !

Avantages : pas besoin de le·la convaincre de tes compétences et de ta place, il·elle t'attendait avec impatience et te confiera des projets intéressants.

Risques : c'est une reprise sur les chapeaux de roues, qui peut vite t'épuiser.

Conseils :
• remercie-le·la de la marque de confiance qu'il·elle t'accorde ;
• propose-lui un plan de reprise progressif pour éviter une surcharge immédiate. Tu peux lui préciser les différentes étapes pour qu'il·elle puisse s'organiser ;
• discute dans le détail de tes objectifs (à 30, à 60 et/ou à 90 jours) et de ta charge de travail : « OK, je reprends le projet X. Je pense que je pourrai atteindre cette étape d'ici 2 mois, est-ce OK pour toi ? »

6. Retrouver ma place dans l'équipe

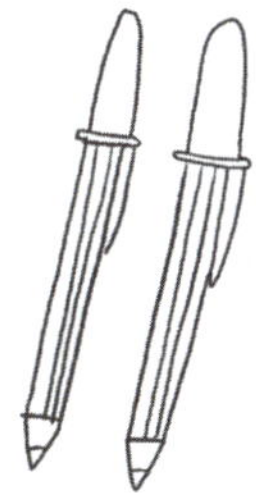

Revenir au bureau, ce n'est pas seulement reprendre tes missions, c'est aussi renouer avec un environnement social. Retrouver ta place dans l'équipe signifie recréer des liens, gérer la passation des tâches et redécouvrir une dynamique qui a peut-être changé. Voyons les bonnes pratiques que tu peux garder en tête pour que ton retour parmi tes collègues se passe au mieux.

Accepter les changements survenus au sein de ton équipe

Les absences font partie de la vie d'une entreprise : un arrêt maladie, un congé sabbatique... et ton congé maternité ! Comme pour toute absence longue, l'entreprise a continué d'évoluer sans toi. Tu ne reviens pas dans la même équipe, qui a pu en ton absence connaître des départs, des arrivées ou simplement des changements de dynamique.

Les collègues que tu connaissais pourront te sembler différent·es, ils·elles ne sont pas resté·es figé·es en attendant ton retour. Quand quelqu'un est absent, le groupe se recompose, les habitudes changent.

Prends le temps d'observer, d'écouter, de voir comment les rôles et les relations ont évolué pendant ton absence. Tu peux aussi demander un débrief à ton·ta manager ou à des collègues.

De manière générale, il peut y avoir une part de « deuil » à faire sur ce que tu as connu avant. Tu as besoin de te projeter dans l'ici et le maintenant et de refaire connaissance avec le bureau.

Les changements ont aussi du bon

S'il y a des nouveaux·elles-venu·es, c'est peut-être l'occasion de faire de belles rencontres professionnelles (et pourquoi pas amicales !) : si tu peux, prends le temps de discuter avec eux·elles afin de découvrir leur parcours et leurs compétences...

Renouer contact

Quelle que soit la situation de ton équipe, il est important de prendre le temps de renouer le lien humain. Une discussion informelle, par exemple à la machine à café, suffit pour briser la glace. Tu peux aussi prévoir un geste spécifique : proposer une petite rencontre autour d'un café, envoyer un message chaleureux ou tout simplement faire le tour des bureaux pour saluer tout le monde.

Si ton·ta manager et ton équipe ont pris le temps de t'accueillir à ton retour avec une petite carte ou une petite attention ou autour d'un pot, c'est l'idéal ! Mais, si ce n'est pas le cas, sache que tu n'es pas la seule : dans notre enquête de 2021, 86 % des mères interrogées ont eu ce qu'on appelle « un retour fantôme », où rien n'a été fait pour marquer leur retour.

Répondre aux appréhensions et aux doutes

« J'ai peur d'être jugée moins efficace par des collègues qui n'ont pas les mêmes contraintes »

C'est normal si tes automatismes prennent un peu de temps à revenir ou si tu mets du temps à apprivoiser tes nouvelles contraintes horaires. N'hésite pas à exprimer clairement ton besoin de transition : « Je suis encore en phase d'organisation, je reviendrai vers toi sur ce point. »

« J'ai peur de perdre ma place dans l'équipe »

Il est important de distinguer le « quoi » (le contenu de ton travail) du « comment » (ta personnalité, ton approche, ton expérience). Personne ne fera jamais ton travail exactement de la même manière que toi ! Ta place dans l'équipe est unique, même si tu as été absente pendant plusieurs mois. Accorde-toi du temps pour te réacclimater, ta valeur ne se mesure pas uniquement au fait de remplir tes tâches.

« J'ai peur d'être isolée si je ne participe plus aux temps de convivialité (déjeuners, papotages du soir...) »

Les moments informels comme le déjeuner du lundi ou la discussion après la réunion d'équipe du jeudi qui s'étire sont sympas et utiles pour avoir des informations, mais ils prennent du temps. Si cela entre en conflit avec ton emploi du temps de jeune maman, prends-y part progressivement. Par exemple, arrange-toi côté perso pour y participer une fois par mois au début, puis vois comment ajuster le rythme à ton propre emploi du temps.

« J'ai peur de manquer d'opportunités professionnelles si je suis moins disponible »

Le séminaire à la fin du mois, le pot de départ du·de la directeur·trice commercial·e... Ces moments en dehors du travail formel peuvent jouer un rôle dans la progression professionnelle. Mais ce n'est pas pour autant le cas de toutes les occasions. Pour distinguer celles qui comptent vraiment, prends le temps de te demander : quels événements pourront réellement booster ma carrière ? (Voir p. 106.)

Solliciter ton·ta manager : c'est son job de veiller au bon fonctionnement de l'équipe

Ta réintégration ne repose pas uniquement sur toi. Ton·Ta manager doit assurer ton retour en t'informant de ce qui s'est passé en ton absence et en fixant les nouvelles responsabilités. Il·Elle est le·la garant·e de la dynamique collective.

Cela peut inclure des ajustements temporaires comme gérer un·e client·e en binôme (« Tu gères le client X en binôme avec Louise jusqu'à mars, ensuite tu reprends la main seule ») ou inciter les autres membres de l'équipe à partager les informations avec toi. Il·Elle peut par exemple proposer un tour de table à la prochaine réunion d'équipe : chacun·e prendra la parole sur ce qu'il·elle a fait pendant ton absence, sur les défis qu'il·elle rencontre actuellement, sur ses prochaines échéances... Il·Elle peut aussi rédiger un e-mail à l'attention de l'équipe pour expliquer ces nouvelles modalités.

Il est normal que certains ajustements ne se fassent pas immédiatement. N'hésite donc pas à faire part à ton·ta manager de tes questionnements et de tes besoins, voire de tes suggestions. Tu peux alors proposer un point avec lui·elle quelques semaines après ton retour pour faire un bilan et ajuster ce qui est nécessaire.

Tu es indépendante ? C'est le moment de reprendre contact aussi !

Si tu es à ton compte et que tu n'as pas de collègues à proprement parler, tu as sans doute cependant des prestataires, des partenaires et des client·es, et tu appartiens peut-être à un réseau d'entrepreneur·es.

Tu devras aussi renouer contact avec eux pour leur faire savoir que tu es de retour. Tu peux organiser des cafés ou des rendez-vous dédiés. Échanger avec d'autres entrepreneures jeunes mamans peut également s'avérer très précieux.

Prévenir et gérer les tensions

« Ma binôme ne s'est pas entendue avec ma remplaçante donc elle est partie. Tout avait changé à mon retour et j'ai eu du mal à trouver mes repères. »

« À mon départ en congé maternité, j'étais un peu la leader de l'équipe commerciale (ancienneté, résultats...). Lorsque je suis revenue, l'un de mes collègues avait pris ce rôle. J'ai eu du mal à me positionner, et lui aussi. »

Malgré le cadre posé par ton·ta manager, il est possible que des couacs surviennent avec tes collègues. Peut-être que certain·es auront des réticences à te redonner certaines responsabilités ou que les transferts de compétences ne se feront pas aussi vite que prévu. Si c'est le cas, la communication sera clé.

La stratégie en 3 temps pour gérer les conflits

1. verbaliser : « J'ai l'impression que tu as beaucoup apprécié la mission Y et que tu t'y es épanoui·e » ;

2. remercier : « Je voulais te remercier pour ça, je suis sûre que ça a permis X, bravo » ;

3. ouvrir une discussion et responsabiliser : « Cette mission était dans mon périmètre, comment vois-tu la transition ? Qu'est ce qui te conviendrait ? De mon côté, j'ai pensé à... »

Si les conflits s'installent ou si la situation devient critique, envisage de te faire accompagner. Cela peut aussi être le signe d'une discrimination (voir p. 108 « *Réagir quand ça* se passe mal au bureau »).

Faire de ta maternité une force pour l'équipe

La maternité t'a permis de développer de nouvelles compétences

Devenir mère t'a transformée ces derniers mois. Tu as sans doute acquis des compétences ou mûri dans ton rapport au monde ou aux autres, et cela sera tangible dans la vie au bureau ou dans ta façon de travailler.
Ta maternité t'a donné l'opportunité de développer de nouvelles compétences qui t'accompagnent à la maison comme au bureau : meilleure gestion du temps, adaptation, affirmation de soi, priorisation… Par exemple, poser des limites avec ta belle-famille ou improviser face aux besoins de Bébé sont autant d'occasions qui t'auront permis de te découvrir plus assertive ou adaptable. Toutes ces compétences éprouvées ces derniers mois à la maison sont transférables au bureau.

> *« Mon cerveau avait changé et je m'en suis rendu compte tout de suite car je ne travaillais plus comme avant : je travaillais mieux parce que j'avais développé la capacité à sérier les problèmes, à prioriser ce qui est important, à prendre du recul. »*

Offrir à l'équipe un regard nouveau sur les process

Outre ces nouvelles compétences, tu apportes une forme de fraîcheur grâce à ces quelques mois d'absence : tu as pris du recul sur le fonctionnement de l'équipe ou sur les dossiers, ce qui est précieux pour l'entreprise. Tu peux ainsi identifier des solutions ainsi que des idées nouvelles et fertiles.
N'hésite pas à partager tes observations de manière constructive, par exemple via un « rapport d'étonnement » : un récapulatif de tes impressions après quelques semaines sur les points à améliorer et les aspects qui fonctionnent bien. Ce document est bénéfique pour toi et pour l'entreprise, offrant des idées neuves et favorisant les ajustements nécessaires.

7. Ajuster la frontière vie pro/vie perso au bureau

Les premières semaines, voire les premiers mois de ta reprise, sont ceux où tu cherches un équilibre entre ta vie personnelle de jeune maman et ta vie professionnelle. Comme tu tâtonnes, les limites à fixer entre ce que tu veux garder pour toi et ce que tu souhaites partager au bureau ne sont pas aisées à définir. Voyons ensemble quelques situations où nécessités familiales, émotions et cadre pro s'emmêlent, et comment faire pour reprendre le contrôle.

Aborder ta vie personnelle pour aménager ou négocier des changements professionnels

Il peut sembler difficile de demander des aménagements sans dévoiler une partie de ta vie personnelle. Par exemple, comment indiquer à ton employeur·euse que tes dates de congés sont imposées par ton assistant·e maternel·le ? Certains environnements professionnels ne sont pas ouverts à ce type de discussion. Tu peux craindre de te montrer vulnérable ou qu'on projette sur toi une image moins professionnelle ou compétente qui pourrait nuire à ta carrière.
Pour éviter cela, concentre-toi dans tes conversations avec ton·ta manager sur les répercussions de ta vie de maman sur ton travail : charge de travail, fatigue ou horaires. Par exemple, au lieu de dire « Je suis épuisée parce que Bébé ne dort pas », tu peux exprimer factuellement : « Concernant le projet X, est ce qu'on peut ajuster les échéances pour quelques semaines ? »

Proposer des solutions temporaires et des tests montre ta volonté d'être proactive : « Serait-il possible d'adapter mes horaires sur 2 mois, avec une réévaluation ensuite ? » Cela structure la discussion de manière constructive et rassure ton employeur·euse. Rappelle-toi que la situation est temporaire et qu'elle évoluera à mesure que Bébé grandit. Tu en seras à un autre point dans quelques mois !

Partager ta nouvelle vie avec tes collègues sans créer de distance

Tu pourrais craindre que certains collègues ne comprennent pas ce que tu traverses ou te jugent, mais ne présume pas de leurs réactions. Certain·es, même sans enfants, peuvent faire preuve d'empathie : un·e collègue plus âgé·e a peut-être été autrefois un parent engagé ou un·e collègue sans enfant connaît bien ces réalités par ses proches. Les gens peuvent être bienveillants si on leur donne l'occasion de l'être.
Si quelqu'un a une réaction maladroite ou semble mal à l'aise, rappelle-toi qu'il s'agit probablement d'un écho de son vécu, cela n'a rien à voir avec toi. Essaie de ne pas considérer sa réaction comme définitive. Laisse du temps à ton interlocuteur·trice pour digérer l'information ou dis : « Je vois que cela te fait réagir. Prends le temps d'y réfléchir, on en reparlera. » Cela ouvre la porte à des échanges ultérieurs plus sereins.

> *« Déjeuner de travail avec mes collègues et mon nouveau chef. Un collègue me voit fatiguée, je lui dis que Bébé ne fait pas encore ses nuits. Mon chef intervient : "Il faut le laisser pleurer !" et se lance dans une démonstration. Je n'ai pas relevé et j'ai changé de sujet de conversation, mais ça m'a choquée. Par la suite, il s'est révélé être un chef génial, et j'ai compris plus tard que cette remarque avait été faite sous le coup de l'émotion parce qu'il avait lui-même souffert d'une situation similaire. »*

Apprivoiser la peur de réagir avec émotivité ou de craquer

Il est normal de redouter de craquer ou de devenir trop émotive, surtout si c'est le mauvais moment ou le·la mauvais·e interlocuteur·trice. Rappelle-toi que l'émotion est humaine et que nous ne sommes pas des robots.

• **Tu peux commencer par mettre des mots sur tes émotions** du moment pour savoir où tu en es ; culpabilité, honte ou peur de ne pas être à la hauteur sont courantes lors du post-partum : ce que tu traverses est légitime donc sois indulgente avec toi-même.

• **Si tu sens que les larmes montent,** que tu es sur le point de partager trop de détails intimes et que tu le regretteras, essaie de te ménager des portes de sortie : « C'est un sujet sensible pour moi aujourd'hui, je préfère qu'on en parle plus tard » ou « Je dois filer, on continue cette conversation une autre fois ». Quand les échanges sont planifiés, on te conseille de les préparer : réfléchis à ce que tu souhaites exprimer, quels sont les sujets sensibles pour toi... Couche tout ça par écrit si cela t'aide. Tu peux également t'assurer du cadre de l'échange qui te convient en prenant un rendez-vous formel dédié, à l'abri des regards et des oreilles.

• Enfin, garde en tête que si tu as été débordée par l'émotion ou que tu n'as pas exprimé exactement ce que tu voulais, **il est toujours possible de rectifier**. Rien n'est figé. Tu peux retourner en parler à ton·ta manager ou à ton·ta collègue, ou lui écrire un e-mail pour clarifier ton propos.

Protéger ton intimité

Tu n'es pas obligée de tout partager. C'est normal de vouloir garder des choses pour toi, surtout si tu es confrontée à des questions intrusives ou que tu es d'une nature pudique. Tu peux répondre de manière polie mais ferme : « Je préfère ne pas entrer dans les détails, mais merci de poser la question » et tu es libre de changer de sujet.

Pour protéger ta vulnérabilité, crée-toi un cocon de réconfort au travail. Assure-toi d'avoir à portée de main un petit objet apaisant : un carnet inspirant, ton thé préféré... Un peu comme le doudou pour Bébé, c'est un rappel que tu n'es pas seule !
Repère aussi un endroit au bureau où tu peux te retirer si besoin (une salle de réunion vide, un espace extérieur...) pour respirer et te recentrer, avant de retourner auprès de tes collègues et de ton·ta manager.

N'hésite pas à prévenir ton·ta partenaire ou un·e ami·e que ces premières semaines de reprise seront sensibles pour qu'ils·elles soient prêt·es à te soutenir. Recevoir et échanger des messages de réconfort ou d'encouragement peut t'aider à relativiser, à rire ou à évacuer le trop-plein. Ces échanges te permettront de te recentrer et de te sentir accompagnée.

8. Agir si je ressens un besoin de changement

Après un congé maternité, il est assez classique de ressentir un sentiment de perte de sens ou une envie de changement au travail. Tu trouves peut-être cette transition difficile et tu peux ressentir un décalage entre ta vie professionnelle et tes nouvelles priorités familiales. Ce sentiment peut survenir immédiatement à la reprise ou après quelques semaines ou mois, une fois que le nouveau quotidien s'est installé.
Dans ce chapitre, on te propose des pistes concrètes pour l'accueillir avec bienveillance, objectivité et douceur, et passer à l'action en fonction de tes ressources du moment.

Décrypter ton sentiment de décalage

Même si ton retour s'est bien déroulé, il est possible que tu te sentes en décalage avec ton travail. Plusieurs facteurs peuvent l'expliquer :

• **le contraste entre tes besoins primaires et l'organisation sociale :** laisser ton bébé à un·e inconnu·e alors qu'il est encore tout petit peut te sembler contre-nature ;

• **un décalage de priorités :** ton travail peut paraître moins essentiel comparé à ton désir de contribuer à un avenir meilleur pour ton enfant ;

• **une prise de conscience des inégalités :** tu te rends compte que les enjeux féminins sont invisibilisés et que les jeunes mères manquent de soutien, ce qui peut provoquer chez toi une impression d'absurdité, d'hypocrisie ou d'injustice ;

- **un besoin de renouveau :** la maternité peut marquer un tournant symbolique, te donnant envie de réinventer certains aspects de ta vie personnelle ou professionnelle.

Prendre le temps de différencier besoin profond et besoin passager

Cette envie de changement est-elle temporaire ou profonde ? Parfois, elle reflète simplement une difficulté passagère liée à l'ajustement du cinquième trimestre. D'autres fois, elle témoigne d'un besoin plus profond de réalignement. Le temps t'aidera à faire la différence.

Exprime ton ressenti : parler de tes émotions à un·e ami·e, à ton·ta partenaire ou à un·e professionnel·le peut t'aider à clarifier si tu dois patienter, faire de petits ajustements ou envisager un changement plus important.

Observe l'évolution : donne-toi du temps pour voir comment ces émotions évoluent. Écris tes ressentis à l'instant T, puis fais le point quelques semaines plus tard. Est-ce que cette envie de changement persiste ou s'atténue ?

Changer sans tout révolutionner

Un changement ne doit pas forcément être radical ou immédiat. Commence par explorer des opportunités dans ta fonction actuelle ou au sein de ton entreprise.

Chercher des nouveaux projets ou des responsabilités qui insufflent du sens et du plaisir dans ton quotidien

Rejoins le réseau de femmes de ton entreprise, participe à des missions de bénévolat, propose à ton·ta manager de prendre en charge un projet qui t'intéresse ou change d'équipe en interne.

Trouver du sens dans d'autres domaines de vie

La sensation d'inadéquation peut s'apaiser en cherchant un domaine en dehors du travail où tu pourrais t'accomplir : par exemple, tu pourrais effectuer un changement dans ta façon de consommer pour te sentir plus alignée ou rejoindre et t'impliquer dans une association en phase avec tes valeurs. Ou bien aménager temporairement ton temps de travail pour passer plus de temps en famille.

T'engager pour aider ton entreprise à devenir plus « parent-friendly »

Si tu as le sentiment que ton environnement de travail ne tient pas compte de tes contraintes en tant que parent, renseigne-toi sur les mesures existantes ou vois comment tu peux proposer des améliorations. Parfois, il suffit de sensibiliser des collègues ou un manager, en t'appuyant sur des témoignages ou des exemples concrets.

Te faire accompagner pour réfléchir à la suite

Faire appel à un regard extérieur peut être bénéfique : prends part à quelques séances avec un·e psychologue ou un·e coach, par exemple.
Si tu ressens un besoin plus profond de changement sans parvenir à identifier un projet, effectuer un bilan de compétences permet d'explorer de nouvelles perspectives. Il peut être financé via le compte personnel de formation (CPF) et réalisé pendant ou en dehors de ton temps de travail. Discutes-en avec ton·ta référent·e RH afin d'en savoir plus sur les options qui s'offrent à toi.

UN ENVIRONNEMENT PLUS RESPECTUEUX DE TON BESOIN D'ÉQUILIBRE VIE PRO/VIE PERSO

Dans une culture du travail qui n'est pas parent-friendly, tu peux avoir le sentiment que renégocier tes horaires, alléger certains déplacements ou tout simplement parler de ces sujets sont tabous ou nuisent à l'image qu'on a de toi. Différentes raisons expliquent qu'une entreprise soit peu sensibilisée à la parentalité : peu de collaborateurs parents (ou des parents qui n'expriment pas leurs besoins), peur de ne pouvoir gérer toutes les demandes, croyance que cela relève de l'intimité.
Comment participer à faire bouger les lignes ?

SOULIGNE LES AVANTAGES !

Pour convaincre ton entreprise de devenir plus parent-friendly, souligne que cela ne demande pas de gros efforts ni d'investissements majeurs, pour des bénéfices nombreux : meilleure rétention des talents, satisfaction et productivité accrues, et renforcement de l'image de marque de l'entreprise.

SOIS PRAGMATIQUE ET FÉDÉRATRICE !

Pars de ton expérience personnelle : réfléchis aux mesures qui faciliteraient ton quotidien, comme plus de flexibilité pour l'allaitement, des horaires ajustés ou du télétravail partiel. Ensuite, échange avec d'autres parents de l'équipe pour voir si ces besoins sont partagés, puis fais remonter l'information.

L'UNION FAIT LA FORCE !

Trouver des allié·es en interne peut faire toute la différence. Tu peux rejoindre ou créer un groupe informel de parents au sein de l'entreprise, proposer une conférence pour mettre le sujet à l'honneur (équilibre vie pro/vie perso, sujets éducatifs...) ou mettre ce thème à l'ordre du jour d'un séminaire d'équipe pour créer du lien et brainstormer entre collègues. Tu peux aussi mobiliser les relais en interne : représentant·e du personnel au comité social et économique (CSE), assistante social·e, infirmier·ère...

TROUVER DES RELAIS À L'EXTÉRIEUR !

Tu peux chercher du soutien auprès de partenaires externes qui proposent des solutions aux parents actifs : aides aux modes de garde, garde d'urgence, applications de santé et de pédiatrie, conciergeries... Les services autour de la parentalité se sont multipliés ces dernières années. Tu peux utiliser leur expertise et leurs conseils pour muscler ton argumentaire face à ton employeur·euse, voire les mobiliser comme relais (de façon explicite ou anonyme).

Se lancer dans l'entrepreneuriat

La maternité donne souvent un souffle créatif et l'envie de devenir indépendante. Cette réalité a même donné naissance au terme « mompreneures », désignant les mères qui lancent leur entreprise après la naissance de leur enfant.
Certes, créer sa propre activité peut offrir une flexibilité séduisante, mais cela vient avec des défis certains. Être à son compte signifie jongler avec de nombreuses responsabilités (gestion administrative, recherche de client·es, obligation d'être visible, pression financière...) qui peuvent parfois s'avérer plus stressantes et lourdes à gérer que dans le salariat.
Si tu envisages l'entrepreneuriat pour mieux concilier parentalité et travail, assure-toi de bien en comprendre les implications. Idéalement, commence à réfléchir et à monter ton projet en parallèle de ton emploi actuel pour vérifier s'il est viable (répond-il aux besoins de client·es, par exemple) et qu'il correspond réellement à tes attentes. Pour ce faire, tu peux te renseigner auprès de personnes qui ont sauté le pas ainsi que d'autres professionnel·les du secteur qui t'intéresse pour avoir leurs retours sur les défis et les opportunités du marché.

9. Lutter contre le « plafond de mère » à mon échelle

Le fait que la maternité ait des répercussions sur la carrière n'est pas qu'une impression, c'est la réalité ! Il est essentiel de comprendre les mécanismes qui créent ces inégalités afin d'une part de ne pas les intérioriser en culpabilisant ou en subissant leurs effets, et d'autre part pour mieux les combattre, défendre tes droits et faire des choix éclairés.

Repérer la pénalité maternelle et rester vigilante

> *« Me sentir épanouie au travail est un élément essentiel à mon équilibre mental. Aujourd'hui, on m'a enlevé ça car j'ai eu un enfant. Je ne regrette pas de l'avoir eu. Il est la chose la plus précieuse au monde à mes yeux. Mais je regrette d'avoir été punie pour ça. »*

Il est possible que, lors de la reprise du travail, tu ressentes une pression ou des doutes sur la professionnelle que tu es, surtout face aux éventuelles attentes ou aux jugements que les autres te renvoient. Avant de te remettre en question, il est primordial de prendre conscience que tu n'as pas toutes les cartes en main et qu'il existe des enjeux systémiques qui te dépassent et influent sur ta vie professionnelle.
Le « plafond de mère » désigne les obstacles professionnels spécifiques que rencontrent les femmes après être devenues mères. Ce phénomène, aussi appelé « pénalité maternelle », se traduit par une réduction des salaires, une progression de carrière plus

lente ou un accès limité aux promotions et à de la mobilité interne, et une présence moins grande des femmes avec enfants dans les postes à responsabilités.

Sortir du sentiment de fatalité

Il ne s'agit pas de céder à la peur ou à la résignation. Comprendre ces mécanismes, notamment les biais et stéréotypes qu'on peut finir par intégrer soi-même, permet au contraire d'agir en conscience et d'éviter certains pièges.
Ces stéréotypes, par exemple, peuvent conduire à te faire douter de ta propre capacité à concilier maternité et carrière ou à te faire accepter des compromis qui ne sont pas à ton avantage parce que tu auras intériorisé cette fausse croyance que ce serait « normal ».
En prenant conscience de ces biais, tu peux faire des choix plus éclairés et assumer pleinement ton parcours. Le but est d'éviter certains pièges, quel que soit le choix que tu fais.
Cette prise de conscience peut aussi t'inciter à te sentir appartenir à un collectif et à t'engager pour changer les choses. Tu peux sensibiliser tes collègues et ton·ta manager ainsi que tes proches pour initier des changements à ton échelle. Enfin, il est important de te rappeler que tu as des marges d'action pour continuer à avancer dans ta carrière en surmontant ces obstacles.

Faire respecter la loi et connaître tes droits pour défendre tes intérêts

Même si la législation demeure insuffisante sur ces sujets, il existe des lois contre les inégalités salariales et les discriminations liées à la grossesse et à la maternité. Tu peux demander des aménagements d'horaires sans crainte de rétrogradation, et les pratiques discriminatoires comme la placardisation sont pénalement répréhensibles. Savoir que la loi est de ton côté peut te donner confiance pour défendre tes intérêts.
Afin d'avoir les bons arguments pour négocier, il est très important de te renseigner en passant en revue le Code du travail, la convention collective et les accords négociés dans ton entreprise (notamment sur le télétravail, l'égalité homme-femme ou le droit

à la déconnexion). Tu peux même éventuellement solliciter un·e professionnel·le (juriste, avocat...). Si tu es fonctionnaire, les notes juridiques des centres de gestion départementaux sont une très bonne source d'informations. Ton·Ta manager n'est pas nécessairement au courant, et cela te permettra d'appuyer tes demandes sur un cadre objectif.

Faire en sorte que ta maternité ne soit pas un frein à ton ambition et à ton désir d'avancement

Ce n'est pas parce que tu as été absente quelques mois (et pour une très bonne raison !) que tu n'es pas légitime à réfléchir à ton évolution et à ta progression professionnelles.
Si on dézoome, un congé maternité ou parental ne représente que quelques mois d'absence ou de temps partiel sur l'ensemble d'une carrière. C'est peu ! Ton congé maternité ne définit pas ta capacité professionnelle ni tes compétences.
La maternité t'offre cependant une véritable leçon en négociation. Négocier, ce n'est pas seulement obtenir quelque chose pour toi, mais défendre ce qui te revient de droit. En développant ton assertivité, tu gagnes en confiance et en clarté pour faire valoir tes besoins. Que ce soit pour un aménagement d'horaires, une réévaluation de tes objectifs ou une augmentation, savoir poser tes conditions est un atout précieux qui te servira toute ta carrière.

Demander une promotion ou une évolution

Il est tout à fait possible de conjuguer reprise de poste et évolution de carrière. Avant d'en discuter avec ton·ta manager, prends un moment pour clarifier ce que tu veux : souhaites-tu plus de responsabilités ? une nouvelle fonction ? une augmentation de salaire ? Plus la formulation de ton objectif est claire et ta demande spécifique, plus tu as des chances d'être entendue.
Réfléchis aussi aux arguments en ta faveur et à ce que tu apportes à l'entreprise et à l'équipe. Ta maternité elle-même en fait partie. Il est probable, par exemple, que ton congé t'ait fait prendre du recul et t'ait donné une vision plus claire ou une fraîcheur utile pour l'entreprise. Si la gestion de ton absence a été une réussite pour l'équipe ou a permis des changements bénéfiques en interne, c'est également à mettre à ton crédit ! Appuie-toi sur ces éléments.

On associe souvent promotion et responsabilités accrues, ce qui est supposé être incompatible avec les contraintes d'une jeune mère active. La croyance que plus de responsabilités implique forcément plus de stress ou d'heures supplémentaires est courante, or elle n'est pas toujours avérée. Il est essentiel de bien évaluer la situation. Certains postes de management permettent une flexibilité et une gestion des responsabilités compatibles avec une vie de famille.

N'hésite pas à discuter ouvertement avec des collègues ou ton·ta manager, et à explorer des solutions adaptées à tes besoins, comme des aménagements d'horaires ou du télétravail. Quelles sont les missions du poste en question ? Quelles solutions peuvent être trouvées pour que tu puisses les assurer sans souci ? La clé est de négocier des conditions qui te conviennent et qui respectent tes priorités, sans renoncer à ton ambition.

Par ailleurs, évoluer ne signifie pas nécessairement prendre un poste de management ! Tu peux avancer dans ta carrière par un renforcement de ton expertise, l'ajout de nouvelles compétences métier, des opportunités de mise en avant... Tu peux réfléchir à ce que signifierait pour toi une évolution de carrière réussie.

PRIMES ET RÉMUNÉRATIONS, LA LOI EST DE TON CÔTÉ

Au retour de ton congé maternité, ton salaire doit être au moins équivalent à celui que tu percevais avant ton départ. Si tu as des primes, elles ne doivent pas être réduites à cause de ton absence. Le Code du travail a prévu un cadre spécifique sur les primes et les augmentations liées au congé maternité (article L1225-26 du Code du travail) : « En l'absence d'accord collectif de branche ou d'entreprise déterminant des garanties d'évolution de la rémunération des salariées pendant le congé de maternité et à la suite de ce congé au moins aussi favorables que celles mentionnées dans le présent article, cette rémunération, au sens de l'article L3221-3, est majorée, à la suite de ce congé, des augmentations générales ainsi que de la moyenne des augmentations individuelles perçues pendant la durée de ce congé par les salariés relevant de la même catégorie professionnelle ou, à défaut, de la moyenne des augmentations individuelles dans l'entreprise. »
Pense à rappeler ce droit lors de tes discussions sur la rémunération !

L'entretien annuel d'évaluation, un moment clé

Quand tu reviens de congé maternité, il est normal de t'inquiéter de la façon dont ton absence sera perçue et comment ton travail sera évalué. Cette appréhension est très souvent évoquée par les femmes que nous accompagnons.

Il est possible que ce sujet soit dans l'angle mort de ton·ta manager. Il est également possible qu'il·elle n'anticipe absolument pas ces appréhensions de ta part.

Pourtant, l'entretien d'évaluation est un moment précieux. La loi (article L1225-25 du Code du travail) t'assure un retour à un poste équivalent, mais il est important que ton·ta manager soit formé·e et attentif·ive, capable d'adapter ses exigences et les objectifs qu'il·elle te fixe, de prendre de la hauteur et d'accompagner ta carrière sur un temps plus long.

Prépare-toi en amont : mesure les résultats que tu as atteints avant ton départ et exprime tes besoins pour réévaluer les objectifs à ton retour. Parle aussi de tes réussites pour montrer que tu restes impliquée et compétente. Profite de cet entretien pour mettre en avant tes acquis et ajuster tes priorités de façon juste et transparente.

Chercher un équilibre vie pro/vie perso sans limiter ton évolution professionnelle

Prendre de plein fouet les difficultés de ta nouvelle vie de mère active peut te pousser à effectuer des changements dans ta vie professionnelle qui seront plus compatibles avec ton équilibre : réduire ton temps de travail, limiter ta présence au bureau ou même un changement plus radical. Tous ces choix sont valides ! Cependant, fais-les en étant consciente des conséquences et en veillant à protéger ton avenir professionnel.

Réduire ton temps de travail sans mettre en danger ta place dans l'entreprise

Réduire provisoirement ton temps de travail est un choix légitime qui peut apporter un meilleur équilibre et peut être une véritable bouffée d'air ! Fais-le sans culpabilité en te rappelant qu'il s'agit de quelques mois : ce n'est rien à l'échelle d'une carrière ; dans quelques années, personne ne se souviendra si tu as pris 4 ou 7 mois de congé parental ou si tu as travaillé à temps partiel !

Voici quelques points à garder en tête pour alimenter ta réflexion :

• **négocie des objectifs compatibles avec ton temps partiel :** tu peux bénéficier d'un congé parental de droit (avantage : pas d'opposition possible de l'employeur·euse ; inconvénient : perte de salaire) ou négocier un aménagement temporaire de réduction de tes heures de travail (là, tout est possible, mais cela fait l'objet de négociations). Dans tous les cas, ce temps partiel ne doit pas mettre en danger ta position au sein de l'entreprise. C'est un aménagement temporaire. Prends donc le temps de discuter avec ton employeur·euse de la durée de ce congé, de fixer ensemble tes objectifs… Rappelle-toi que choisir un congé parental à temps partiel n'est pas un privilège accordé par l'employeur·euse, mais un droit. Cela ne remet pas en question tes ambitions, c'est une étape temporaire que tu peux réajuster selon tes besoins et ta situation ;

• **préserve ta reconnaissance professionnelle :** continue de te positionner comme une professionnelle ambitieuse, même à temps partiel. Ton engagement et tes compétences ne sont pas diminués par un temps de travail moins important. Tu es légitime à travailler sur des dossiers intéressants, à rester dans la boucle des décisions… ;

• **fais attention à la charge de travail :** au démarrage d'un temps partiel, il est essentiel de revoir les priorités pour garantir des résultats de qualité sur tes missions. Il peut être utile de discuter avec ton employeur des tâches prioritaires et de proposer toi-même des ajustements, afin de trouver un équilibre réaliste avec ton nouveau rythme. Mets l'accent sur le fait que ces ajustements permettront de maintenir une performance solide sur les dossiers stratégiques. Fixe des objectifs clairs dès le départ et propose un point d'évaluation après 2 mois, par exemple, pour ajuster si nécessaire. Cela montre ta volonté de collaborer efficacement tout en prenant en compte vos contraintes réciproques.

Chercher de la flexibilité en restant visible

Opter pour des solutions comme le télétravail, un rythme de travail aux horaires flexibles ou des journées réduites peut vraiment améliorer ton quotidien. Attention, cependant : réduire ta présence physique au bureau peut affecter ta visibilité, surtout en tant que femme.
Voici quelques conseils :

- **faire des arbitrages :** pour ne pas manquer des opportunités de carrière, des décisions importantes ou des moments informels qui renforcent les liens professionnels, veille à rester active. Identifie quelques moments ou espaces qui te permettent d'entretenir ta visibilité et laisse les autres de côté ;

- **être proactive dans le lien aux autres :** participe aux moments clés de la vie d'équipe, que ce soit en présentiel ou en visioconférence. Planifie des temps de connexion réguliers avec tes collègues et ton·ta manager pour ne pas te sentir déconnectée des projets en cours ;

- **faire confiance au temps :** au tout début de ta reprise, ton objectif est avant tout de reprendre un rythme. Avec le temps, tu te sentiras plus à l'aise et ces arbitrages entre visibilité et équilibre te paraîtront plus faciles car tu retrouveras plus de marge d'action.

Équilibrer la charge parentale et domestique dans le couple pour ne pas te pénaliser sur le plan pro

On l'a vu, la double journée est un des principaux impacts sur la carrière des mères. La reprise est un moment sensible qui permet de réévaluer comment on souhaite répartir la charge familiale et domestique dans le couple.
Sentir que tu formes une bonne équipe avec ton·ta conjoint·e et pouvoir compter sur un·e partenaire présent·e, disponible, qui prend sa part à chaque étape, fait toute la différence.

Si tu as un·e conjoint·e, la naissance de votre enfant nécessite une réelle discussion sur la gestion familiale par les deux membres adultes de votre famille. Par exemple, celui·celle d'entre vous qui récupère votre enfant le soir subit une contrainte professionnelle bien plus forte que celui·celle qui doit le déposer le matin, même si « sur le papier » cela paraît être un partage égalitaire. Tout cela se discute et se vit différemment dans chaque foyer, évidemment, et c'est à vous de trouver une répartition juste et fonctionnelle. Voir p. 185 « Parler de la charge mentale en couple et lever les crispations » et p. 196 « S'organiser à deux en faisant équipe ».

10. Réagir quand ça se passe mal au bureau

Parfois, le retour au travail se passe mal : on te met de côté, on te met des bâtons dans les roues ; bref, on te fait comprendre que ta nouvelle maternité t'a transformée en personne indésirable... C'est une situation de discrimination tout à fait anormale, très lourde à vivre. Voyons ensemble ce qui doit t'alerter, comment te protéger et vers qui te tourner si cela t'arrive.

Tendre l'oreille aux premiers signes

> *« Je me souviens de mon bureau qu'on avait volontairement changé de place. Ma boss avait vue sur mon écran via la baie vitrée de son bureau. J'avais l'horrible impression d'être épiée... À ça s'ajoutait un accueil froid alors qu'on chantait les louanges de ma remplaçante... »*

Malgré tous tes efforts pour t'adapter et renouer le lien, il arrive que la situation au travail ne s'améliore pas, voire qu'elle devienne insupportable. Les premières alertes peuvent être subtiles : une réaction négative à l'annonce de ta grossesse, une gestion maladroite de ton congé maternité ou un accueil froid à ton retour.
Puis les petites déceptions s'accumulent et la sensation d'inconfort s'installe : tu ressens une intuition, un malaise diffus que tu hésites à prendre au sérieux, te disant que c'est lié à ta fatigue ou à ton absence.
Si ce ressenti persiste ou s'aggrave, il est temps d'agir et de te faire confiance.

Voici une liste des signes qui doivent t'alerter et t'inciter à te mettre à l'abri…

Des signes concrets autour de toi

- **Changements de comportement :** tes collègues ou ton·ta manager te mettent à l'écart de certains événements ou de certaines discussions, te confient des tâches dévalorisantes ou hors de tes compétences, ou t'excluent des décisions importantes. On te surcharge de travail ou, au contraire, on te retire des responsabilités clés et on les attribue à d'autres personnes.
- **Attitudes hostiles :** soupirs, regards condescendants, sarcasmes, interruptions fréquentes… on te traite différemment du reste de l'équipe. Ces petites agressions, parfois déguisées en « blagues », s'accumulent.
- **Rétention d'information** : des éléments importants liés à ton travail te sont cachés ou te sont communiqués tardivement, ce qui complique la réalisation de tes missions.

Des signes en toi

- **Anxiété croissante :** tu as la boule au ventre chaque matin avant d'aller travailler, ça envahit ton quotidien, tes pensées et même ton sommeil. Tu ne parles plus que de ça, notamment à ton·ta conjoint·e. Tu te sens constamment sur la défensive.
- **Isolement :** tu deviens plus réservée, tu évites certaines interactions, tu te sens isolée. Tu ressens de la nervosité avec certain·es collègues ou dans certaines interactions sociales au bureau.
- **Un comportement qui ne te ressemble pas ou qui te met en difficulté :** tu fais plus d'erreurs, tu as des absences ou des retards répétés, tu ressens une fatigue constante ou même tu fonds souvent en larmes. Ton corps te parle : fatigue chronique, douleurs, maladies à répétition…

Même si tu es dans une période de vulnérabilité due au post-partum, ta fatigue ne rend pas tes ressentis moins valides. Fais-toi confiance. Si tu ressens des discriminations, des attitudes toxiques ou un traitement injuste, sache que tu as des droits et que la loi te protège contre la discrimination au travail.

Quelques conseils pour te protéger

☐ **Garde une trace écrite :** décris les faits de manière précise et objective, en détaillant les conséquences sur ta santé ou ta capacité à effectuer ton travail. Fais une sauvegarde des échanges d'e-mails ou de SMS.

☐ **Ne tarde pas :** agis dès que tu le peux pour défendre tes droits (voir ci-dessous), avant que la situation n'atteigne un point de non-retour.

☐ **N'hésite pas à te faire accompagner et à prendre conseil.** Les jeunes mères nous parlent le plus souvent de « stigmatisation », de « placardisation », de « harcèlement moral »... Il peut être difficile d'identifier précisément ce qui se passe ou de prendre du recul pour objectiver son vécu. Un conseil juridique professionnel pourra t'aider à clarifier ta situation, à poser des mots et à identifier les recours dans le Code du travail.

« On a augmenté ma charge de travail pendant ma grossesse, sans me donner de ressources, puis on a coupé mon poste en deux à mon retour sans me prévenir, on m'a refusé la promotion évoquée avant ma grossesse... J'ai donc refusé de signer mon évaluation annuelle et j'ai fait appel aux RH, avec menace de recours à un avocat et aux prud'hommes. »

Trouver de l'aide

En interne, dans l'entreprise

Quand tu sens que la situation devient insoutenable, exprime ton ressenti auprès de personnes de confiance. Selon les cas, tu peux en parler à ton·ta manager, au·à la référent·e RH, au·à la représentant·e du personnel ou même à la médecine du travail, à un·e psychologue du travail ou à l'assistance sociale.

En externe

Si tu ne te sens pas à l'aise ou en confiance pour mobiliser des ressources en interne, d'autres interlocuteur·trices existent :

• **un·e médecin généraliste ou un·e psychologue :** ils·elles peuvent t'aider à faire un bilan de ta situation et t'orienter vers des professionnel·les ;

• **conseils juridiques :** contacte un·e avocat·e spécialisé·e, une association de défense des droits des femmes ou un groupement professionnel de ton secteur d'activité ou lié à ton ancienne école. Les mairies de certaines villes proposent également des permanences juridiques gratuites. Enfin, vérifie ton contrat d'assurance habitation, qui prévoit peut-être une assistance juridique.

Quand la situation devient invivable, partir peut être la meilleure option. Si tu envisages cette solution, fais-le avec un plan en tête et consulte un·e avocat·e pour éviter toute faute ou vice de procédure. La priorité est de te protéger et de trouver un nouvel emploi dans de bonnes conditions.

Moi et mon bien-être

Le post-partum, souvent associé aux premières semaines après la naissance d'un bébé, est en réalité une période bien plus longue et complexe. Il ne s'arrête pas à la porte du bureau ni même au premier anniversaire de ton enfant. De même que la grossesse se caractérise par des mois de transformations physiques et émotionnelles, le post-partum représente un temps de « dégestation » essentiel, mais encore largement méconnu. Ce n'est pas seulement une question de corps. Il s'agit également d'un processus de réappropriation de toi-même, à travers des dimensions multiples : physique, mentale, émotionnelle et énergétique.
Dans cette partie, nous allons explorer ensemble les différentes facettes de ton bien-être, en tenant compte des défis de la reprise professionnelle. L'idée n'est pas d'ajouter des injonctions à un quotidien déjà bien chargé, mais de t'offrir des clés pour aller à ton rythme.

Quatre grandes dimensions seront abordées pour t'aider à trouver un équilibre qui te correspond :

- **prendre soin de ton corps** pour soutenir ta récupération après les bouleversements de la grossesse et de l'accouchement ;
- **comprendre et apprivoiser ta fatigue**, qu'elle soit physique, mentale ou émotionnelle, et explorer des solutions pour alléger cette charge ;
- **prendre soin de tes émotions** en accueillant avec bienveillance les hauts et les bas propres à cette période ;
- **ne pas t'oublier** en réinventant un « self-care » (des moments pour prendre soin de toi) qui soit en phase avec ta nouvelle vie et ses contraintes.

Où que tu en sois physiquement et psychologiquement, ces pages te proposent des pistes pour prendre soin de toi de manière personnelle et réaliste. Le bien-être ne découle pas de modèles universels : il s'agit de redéfinir ce qui fonctionne pour toi, ici et maintenant, en tant que mère active.

1. Prendre soin de mon corps à la reprise

Ton corps a vécu un bouleversement monumental, et le chemin de la récupération prend du temps. Le temps de dégestation est aussi long que la gestation elle-même, voire plus. Reprendre le travail ne signifie pas que ton post-partum est fini, mais la séparation physique avec Bébé va te permettre de prendre le temps de te retrouver. Ce chapitre fait le point sur ce qui se passe dans ton corps et comment en prendre soin au mieux lors de la reprise.

Faire un bilan médical et prendre soin de ta santé

Fatigue chronique, maux de dos, perte de cheveux, variations de poids : les manifestations physiques post-partum sont nombreuses et peuvent survenir pour certaines plusieurs mois après l'accouchement. Ton cycle hormonal met également du temps à se stabiliser, surtout si tu allaites. Des carences en fer et en vitamines (notamment B12 et D) peuvent accentuer ton épuisement. Bref, il y a peut-être des sujets de santé que tu mets de côté faute de temps mais qui ternissent ton quotidien et te fragilisent à la reprise !
Comprendre ces fluctuations peut t'aider à mieux gérer ta fatigue et tes émotions. Un bilan de santé avec ton·ta médecin traitant·e ou ton·ta gynécologue est donc essentiel pour t'assurer que tout va bien et trouver des solutions adaptées si besoin. La vision holistique d'un·e ostéopathe, d'un·e sage-femme ou d'un·e naturopathe est également bienvenue à cette période. Nous t'encourageons vivement à prendre ce temps pour toi, en dehors des rendez-vous médicaux pour Bébé.

Intégrer tes rééducations périnéale et/ou abdominale à la reprise

La rééducation périnéale est une étape clé du post-partum. Son but est de renforcer les muscles de ton périnée, qui ont été très sollicités pendant la grossesse et l'accouchement. Elle aide à prévenir des problèmes comme l'incontinence urinaire, la descente d'organes (prolapsus) ou les douleurs, notamment lombaires.
En complément, la rééducation abdominale vise à rapprocher les muscles abdominaux qui se sont écartés durant la grossesse (diastasis).

IL EXISTE DE NOMBREUSES MODALITÉS DE RÉÉDUCATION PÉRINÉALE

Il existe différentes techniques (rééducation manuelle, biofeedback, électrostimulation...) et différent·es praticien·nes (sage-femme, kiné...). Renseigne-toi pour choisir une méthode qui te convienne.

La rééducation débute généralement 6 à 8 semaines après l'accouchement et peut nécessiter 10 à 20 séances selon tes besoins. Une partie des séances aura donc lieu après ta reprise.
Tu vas peut-être devoir jongler un peu au début pour caser les séances dans ton emploi du temps, mais c'est aussi une manière de prendre soin de toi et de te donner la priorité, dans une période où tu t'oublies parfois !
La rééducation est un motif médical qui peut justifier des demandes d'aménagement d'emploi du temps auprès de ton employeur·euse. Aborde le sujet au plus tôt pour en faciliter l'organisation.

Renouer avec ton corps grâce à l'activité physique

Une fois que la rééducation est terminée et que le·la médecin traitant·e ou le·la gynécologue a confirmé qu'il n'y avait pas de

contre-indication d'un point de vue médical, la reprise du sport est souvent citée comme objectif prioritaire des jeunes mamans. Parmi les raisons évoquées : se remettre en forme, retrouver du bien-être, mieux dormir, se vider la tête ou gagner en énergie. En dehors de toutes ces raisons, l'activité physique te permet avant tout d'apprivoiser ton corps, ce corps différent d'avant la grossesse, et de te faire du bien. On ne cherche pas la performance à tout prix.
Dans cet état d'esprit, et dans une période où trouver du temps et de l'énergie est un vrai défi, il peut être intéressant de penser « mise en mouvement » plutôt que « activité sportive ». L'important est de bouger, de respirer, de ressentir. Effectuer quelques étirements ou faire une petite marche peuvent déjà faire la différence, car cela signale à ton corps que tu prends soin de toi. Si tu souhaites vraiment reprendre une activité sportive spécifique, l'essentiel est d'identifier ce qui te convient aujourd'hui. Ce que tu faisais avant peut ne plus correspondre à ton rythme actuel. Une séance rapide à la maison ou une marche pendant ta pause peut être tout aussi bénéfique qu'un footing. Un conseil : n'attends pas les conditions « idéales », mais saisis les moments qui se présentent, même brefs.

Des pistes pour te remettre en mouvement

Pour t'aider, tu peux :

☐ discuter avec ton·ta partenaire pour planifier et sanctuariser ces séances de sport, afin de ne pas les reléguer en bas de la to-do list ;

☐ regarder si des activités comme le pilates, le yoga ou la natation sont proposées à l'heure du déjeuner pas loin de ton lieu de travail ;

☐ embarquer un·e ami·e pour te motiver.

Enfin, si le sport n'est pas ta tasse de thé en ce moment, c'est OK !

Prendre soin de ton alimentation

Plutôt que de tomber dans une nouvelle injonction (tu n'en as pas besoin !), vois l'alimentation comme un levier de bien-être et d'énergie.
Pour retrouver de l'énergie et lutter contre la fatigue, quelques bons réflexes dans ton assiette peuvent vraiment t'aider : préparer des snacks sains à l'avance, privilégier des aliments complets et peu transformés, bien t'hydrater...
N'hésite pas à solliciter un avis professionnel (diététicien·ne, naturopathe, médecin) pour des conseils personnalisés ou pour te sentir accompagnée.

QUELQUES ALIMENTS AMIS DU POST-PARTUM

Les graines germées : alfalfa, radis, fenouil. Ultra-riches en minéraux, en oligoéléments et en fibres, elles donnent un véritable coup de fouet à ton métabolisme.
À parsemer dans les salades, les sandwichs ou les tartines, par exemple.

La spiruline : cette algue regorge de vitamines, de fer et de minéraux, notamment l'iode.

Les légumes verts : épinards, kale, blette. Chargés en fer et en magnésium, ils aident à combattre la fatigue et à soutenir ton énergie.

Les bons gras : contenus par exemple dans la sardine, le maquereau et l'avocat, ils sont utiles pour soutenir le système nerveux, maintenir un équilibre émotionnel et limiter les inflammations.

Les oléagineux : amandes, noisettes, noix. Riches en magnésium, en calcium et en fer, ils te rechargent rapidement en énergie.

Le quinoa et les légumineuses : lentilles, pois chiches, haricots rouges. Excellentes sources de protéines et de fer.

Les hydratants énergétiques : par exemple, les infusions reminéralisantes à partir de feuilles d'ortie et de framboisier qui sont apaisantes et riches en nutriments pour faciliter ta récupération, ou l'eau citronnée, qui soutient ta digestion et ton énergie dès le matin.

Sortir des injonctions sur le poids et privilégier ton bien-être

La reprise du travail peut raviver chez les jeunes mamans des préoccupations autour de la perte des kilos de grossesse ou l'envie de retrouver leur corps d'avant. Ce sentiment varie selon les femmes, tant en termes de timing que de signification.
Cela peut se manifester par des pensées comme : « Je veux retrouver mon corps d'avant », « Je me sens mal dans mes vêtements », « J'ai perdu confiance », « J'ai envie de manger plus sainement », « Je m'essouffle vite »...
Prends le temps de te demander : est-ce un véritable besoin de bien-être ou une pression dictée par des standards extérieurs ? Il est essentiel de t'autoriser à ne pas redevenir exactement comme avant, d'accepter que ton corps a changé et que c'est normal. Le standard de beauté actuel, souvent irréaliste, ne prend pas en compte les transformations qu'implique la maternité. Libère-toi du piège de la comparaison, amplifié par les réseaux sociaux, et rappelle-toi d'être douce avec toi-même.

Et si tu souhaites améliorer ton quotidien, réfléchis aux petits ajustements possibles : une alimentation plus équilibrée, de l'exercice physique intégré à ton rythme. Comme pour tout ce qui touche à la santé, les changements prennent du temps. Ils peuvent contribuer à un équilibre global (sommeil, énergie, concentration). Souviens-toi que le post-partum est un marathon, pas un sprint, et que ton corps a besoin de temps pour retrouver son équilibre et surtout le conserver durablement. Demande de l'aide si tu en ressens le besoin.

2. Apprivoiser et gérer ma fatigue

La reprise du travail est souvent accompagnée d'une fatigue intense. Tu dois composer avec des nuits fragmentées et un rythme quotidien exigeant. Ce cocktail explosif peut vite te submerger. C'est normal. On ne peut hélas pas effacer tout cela d'un coup de baguette magique (on aimerait !), mais il existe des moyens d'insuffler un peu de douceur dans cette période si intense.

Comprendre que c'est une fatigue multiforme

« J'étais comme un zombie, je passais d'une activité à l'autre avec juste l'envie d'aller me coucher. Je crois qu'on sous-estime beaucoup la fatigue des mamans. »

La fatigue est sans doute l'un des plus grands défis du cinquième trimestre.
Au moment de ta reprise, ton corps porte en lui toute la fatigue accumulée des derniers mois, voire des dernières années : la grossesse (et parfois le parcours pour être enceinte), l'accouchement et le post-partum immédiat, tout cela sans compter si ce bébé est ton deuxième ou troisième enfant.
Chacune de ces étapes t'a fait traverser son lot de nuits réduites et entrecoupées, d'inconforts physiques, de tout ce que tu as pu at-

traper avec un système immunitaire affaibli et le stress émotionnel de devoir t'adapter à des changements intenses et fréquents. À tout ce passif s'ajoute la fatigue propre à la reprise du travail : retrouver un rythme professionnel, gérer des interactions tout au long de la journée... C'est un vrai défi et nous observons souvent un pic de fatigue chez les femmes que nous accompagnons à 6 semaines post-reprise.
Alors comment faire face à toute cette fatigue ? Faut-il l'accepter comme une fatalité et faire le dos rond pendant quelques mois, voire plusieurs années selon que le sommeil de Bébé est facile ou non ? Non, évidemment. Il y a des choses qui peuvent heureusement aider !

La première étape consiste à comprendre qu'il existe différents types de fatigue :

- **la fatigue physique :** elle découle du manque de sommeil, des réveils nocturnes pour nourrir Bébé et du processus de récupération en post-partum. Il n'est pas rare de se sentir épuisée dès la première heure de la journée simplement parce que le corps n'a pas eu le temps de récupérer convenablement durant la nuit ;

- **la fatigue émotionnelle :** les nombreux défis de la période te font collectionner les émotions (joie de reprendre, doute, crainte de laisser Bébé...). Tu passes d'une émotion à une autre dans une même journée et c'est fatigant ! Voir p. 128, « Prendre soin de mes émotions » ;

- **la fatigue mentale :** la surcharge mentale est souvent sous-estimée. Or cela peut être usant de jongler entre responsabilités familiales et professionnelles, les rendez-vous médicaux pour Bébé qui sont très fréquents les premiers mois, les « À ne pas oublier » qui hantent ton esprit du matin au soir et du soir au matin. Tout cela peut entraîner un épuisement cognitif. Ce qu'on peut appeler plus communément « la charge mentale » ou ce fameux « cerveau qui ne s'arrête jamais » (voir p. 185, « Parler de la charge mentale en couple... »).

Identifier quel est le type de fatigue que tu ressens t'aidera à trouver des réponses adaptées.

Survivre aux nuits hachées et optimiser ton sommeil

Ce n'est pas toujours évident de comprendre pourquoi tu es si fatiguée. « Facile, Bébé ne dort pas. » Oui, mais encore ? Observe plus finement : est-ce plus difficile de te rendormir rapidement une fois que tu es réveillée en pleine nuit ? Ou le plus dur est-il les réveils multiples ? Ou encore de ne dormir que d'un œil car tu te sens en hypervigilance, tendue à l'idée que Bébé se réveille dans les 5 minutes ? Est-ce qu'il y a une partie de la nuit meilleure qu'une autre ?

En étant précise dans tes observations, il te sera plus facile d'adapter tes stratégies de repos, par exemple :

- **partager les nuits :** ton·ta partenaire et toi pouvez tester différentes modalités de répartition lorsque Bébé se réveille la nuit (mettre en place un rythme d'une nuit sur deux ou, si tu as plus de mal à te rendormir après 4 heures du matin, laisser ton·ta partenaire gérer cette tranche horaire) ;
- **réaménager les espaces et/ou les conditions de sommeil :** lorsque tu n'es pas en charge des réveils, tu peux dormir avec des bouchons d'oreille, voire dans une autre pièce si c'est possible, pour éviter ou réduire les interruptions. Cela peut te permettre d'obtenir un sommeil plus réparateur, même sur une courte durée ;
- **évaluer l'épuisement ensemble :** ton·ta partenaire et toi pouvez mettre en place une jauge de fatigue pour savoir quand vous atteignez votre limite. Si l'un·e de vous est épuisé·e, ajustez l'organisation, le temps de récupérer.

« EST-CE QU'IL FAIT SES NUITS ? » FAIRE LA PAIX AVEC LE SOMMEIL DE BÉBÉ

C'est sans doute la question qu'on te pose le plus ! Le sommeil de Bébé est une des préoccupations majeures des jeunes parents. Or les nuits hachées ne s'arrêtent pas comme par magie à ton retour au travail. Bébé ne s'adapte pas soudain à un rythme plus « social » simplement parce qu'on le souhaite.

Le sommeil de Bébé est fait de cycles courts et de nombreux réveils. Il n'est pas prévisible et s'accompagne de régressions dues à la croissance, à la diversification, à des étapes comme la mise à la crèche ou encore à des peurs passagères. Chaque enfant a son rythme, et ce qui marche pour un bébé ne convient pas toujours à un autre. Des nuits hachées sont normales, mais si tu es préoccupée par les réveils fréquents ou le sommeil agité de ton enfant, n'hésite pas à consulter un·e professionnel·le (pédiatre, ostéopathe, expert·e en petite enfance).

Le vécu du sommeil de Bébé est très subjectif. Face à une même situation, ton ressenti, ta résistance et ceux de ton·ta coparent·e peuvent être très différents. C'est une source de crispation normale dans le couple, qui n'en reste pas moins difficile à vivre.

Il n'existe pas de recette universelle, pas de solution miracle. Rester souple est donc la clé, même si c'est plus facile à dire qu'à vivre ! Relâche la pression et teste différentes choses qui semblent convenir à votre famille. Que tu pratiques le cododo ou autre, l'essentiel est de préserver votre sommeil et de construire votre confiance, sans trop tenir compte des avis extérieurs.

Mieux accompagner tes réveils nocturnes

Penser « repos » plutôt que « sommeil »

Si tu ne parviens pas à te rendormir après un réveil, concentre-toi sur le fait de te reposer et non de te rendormir. Accepte la situation au lieu de t'angoisser en pensant « il faut absolument que je dorme, sinon... » Cela aide à réduire le stress.

Limiter les écrans

Tu le sais sûrement : consulter ton téléphone en pleine nuit n'aide pas à te rendormir. Mais quand tu es éveillée depuis 3 heures du matin, c'est tentant et cela te semble inévitable... surtout si tu utilises ton téléphone pour te simplifier la vie, comme scroller sur Instagram pour des astuces, chercher des vêtements sur Vinted ou lire des conseils concernant la diversification alimentaire.
Pour occuper ces heures d'éveil sans nuire à ton sommeil, essaie des alternatives telles qu'écouter un livre audio ou un podcast relaxant ; cela peut calmer l'esprit tout en restant pratique si Bébé est dans tes bras. Si tu lis, préfère une liseuse à rétroéclairage doux, moins agressive pour les yeux.

Prévoir des snacks pour tes fringales

Les réveils nocturnes s'accompagnent souvent de fringales guidées par l'allaitement, la fatigue ou le besoin de réconfort. C'est normal, ne te juge pas. Pour mieux gérer ces envies sans perturber ton sommeil, privilégie des encas faciles à digérer comme des fruits secs, des amandes ou une banane. Préparer ces snacks à l'avance ou demander à ton·ta partenaire de t'en préparer peut simplifier ces moments.

Quelques outils naturels pour te rebooster

Les algues reminéralisantes

- Entre 3 et 6 mois de Bébé : tu peux consommer de la klamath, riche en nutriments, pour recharger ton organisme.
- Entre 6 et 9 mois de Bébé : la lithothamne, une excellente source de calcium et de magnésium, est idéale pour combattre l'épuisement.

Les infusions longues

- Feuilles d'ortie : réalise une infusion de plusieurs heures pour une boisson reminéralisante, riche en fer et en vitamines.

Les plantes adaptogènes

- Maca : pour stimuler les facultés d'apprentissage et l'endurance.
- Ashwagandha : une plante douce pour réduire le stress et favoriser un meilleur sommeil.
- Rhodiola : idéale pour retrouver de l'énergie mentale et combattre la fatigue liée au stress.

L'aromathérapie

- Diffuse chez toi (en-dehors de la présence de Bébé) des huiles essentielles comme le citron ou le romarin pour un coup de boost au mental.
- Applique une goutte d'huile essentielle de menthe poivrée sur tes poignets ou ta nuque pour un effet réveil instantané.

S'exposer à la lumière naturelle

- La lumière du matin est essentielle pour réguler ton cycle circadien. Même une courte balade quotidienne peut avoir un effet revitalisant.

Avant de prendre des plantes, demande toujours conseil à ton·ta pharmacien·ne ou à un·e professionnel·le (médecin, naturopathe...). Ton·Ta médecin traitant·e ou un·e naturopathe pourra te proposer un accompagnement personnalisé en analysant tes besoins, en identifiant d'éventuelles carences ou des déséquilibres spécifiques, en faisant des recommandations alimentaires et de compléments adaptés à ton profil et à tes contraintes actuelles.

Te réapproprier l'art de la sieste

- **Faire des micro-siestes dès que possible :** la sieste est ta meilleure alliée ! Il est crucial d'identifier les moments où tu pourrais grappiller quelques minutes de sommeil. Oui, tu as mille tâches à accomplir, mais parfois, tout laisser tomber et te reposer 20 minutes pendant la sieste de Bébé est bien plus bénéfique que de vider le lave-vaisselle ou de plier le linge. S'il existe une infirmerie ou une salle de repos sur ton lieu de travail, n'hésite pas à en faire usage pour des siestes réparatrices de 15-20 minutes. Le télétravail est aussi une bonne solution pour les pauses sieste.

- **Prendre des jours off :** si tu sens que tu as besoin d'un vrai temps de repos, ne culpabilise pas de prendre quelques jours d'arrêt ou de congé pour récupérer pendant que Bébé est gardé. Ces moments peuvent faire une grande différence à terme.

- **Bloquer des week-ends :** garde au moins 1 week-end par mois sans engagements sociaux ni obligations quelconques. Cela te permettra de vivre à ton rythme et de réduire un peu le déficit de sommeil.

Faire des pauses relaxation et détente

Fort heureusement, le sommeil n'est pas l'unique façon de te reposer.
Prendre le temps de s'arrêter semble contre-intuitif quand tout s'accumule, mais les micro-pauses peuvent avoir un bénéfice significatif sur la gestion de ta fatigue.
Pendant ta journée de travail, essaie d'intégrer des moments de relaxation et de pause. Il peut s'agir de quelques minutes de respiration profonde, d'étirements ou d'une courte marche pour oxygéner ton cerveau et relâcher les tensions.

3 pratiques défatigantes

- **Respiration énergisante:** pratique des exercices de respiration profonde ou de cohérence cardiaque pour te recentrer et booster ton énergie en quelques minutes.

Exemple de la technique de la respiration en carré : inspire pendant 4 secondes, retiens ton souffle pendant 4 secondes, expire pendant 4 secondes et retiens encore 4 secondes. Répète cela plusieurs fois pour te calmer et recentrer ton énergie. Tu peux aussi fermer les yeux pour te détendre complètement. C'est comme une micro-sieste !

- **Étirements ou auto-massage express :** masse-toi les mains ou le crâne, détends ton visage, fais quelques mouvements de bras ou de tête pour soulager les tensions.

- **Application de méditation ou de sophrologie :** il existe des app gratuites ou des pratiques en libre accès sur YouTube pour accompagner un moment de détente. Ferme les yeux, mets tes écouteurs et programme-toi 10 à 15 minutes de relaxation.

Dépenser de l'énergie positive pour en récupérer

Paradoxalement, se dépenser peut aider à recharger les batteries : une activité qui te fait plaisir, un moment de sport doux ou de marche peuvent avoir un effet réparateur.
Tu peux vérifier si ton entreprise propose des cours ou s'il y a une salle de sport que tu pourrais tester lors d'une pause déjeuner. Pour te faciliter les choses, appuie-toi sur ton entourage. Par exemple, propose à un·e ami·e, un·e voisin·e ou un·e collègue d'aller marcher.
Si tu ne disposes pas de temps dans ta journée de travail, pense à des activités simples que tu peux faire en présence de Bébé : une balade poussette le week-end, une série d'étirements ou une activité manuelle qui te détend quand il est sur le tapis d'éveil, par exemple.

3. Prendre soin de mes émotions

Le cinquième trimestre est souvent une période de bouleversements émotionnels. Tu peux te sentir submergée, traversée par des émotions intenses, et pour autant avancer en mode « pilote automatique » sans avoir le temps de t'attarder sur ce que tu ressens. Sache que tu n'es pas seule. Comprendre tes émotions t'aidera à les accueillir avec plus de bienveillance.

Accepter les montagnes russes émotionnelles

> *« Je me souviens du tourbillon de la reprise avec ce mélange étrange de sentiments contraires : l'excitation, la joie de retourner au boulot, le stress de ne pas y arriver, l'anxiété de laisser mon bébé, le bonheur de retrouver la liberté... C'est peut-être ça le plus difficile à gérer : tout ce grand bazar d'émotions ! »*

Une des spécificités du cinquième trimestre, c'est ce phénomène de labilité émotionnelle : des changements rapides et intenses d'humeur, communs à de nombreuses jeunes mères dès le post-partum, accentués par la fatigue, les hormones et la charge mentale. Il est normal de te sentir régulièrement à fleur de peau !

Comprendre les émotions courantes lors du cinquième trimestre

Faisons un petit tour d'horizon des émotions qui reviennent le plus souvent à cette période.

Tristesse et nostalgie

La reprise du travail, qui marque la séparation avec Bébé, peut provoquer un sentiment de perte ou de vide. Il est possible que tu te sentes déchirée entre ton rôle de mère et celui de professionnelle. C'est normal de ressentir cette tristesse ou une espèce de mélancolie de ce qui n'est plus et de ce qui change si vite. Cette évolution perpétuelle de la vie est l'un des apprentissages importants du rôle de parent.

Culpabilité

Le sentiment de culpabilité est presque un passage obligé pour les mères qui reprennent le travail : « Est-ce que je fais assez pour mon bébé ? », « Est-ce que je suis une bonne professionnelle ? »... On a tendance à vouloir être parfaite dans tous les domaines, même si, au fond de nous, on sait que ce n'est pas réaliste. Au moment où tu fermes la parenthèse du congé maternité, tu entres dans cette nouvelle vie de mère active et tu peux craindre de ne pas réussir à tout concilier.
Tu vas devoir procéder à des arbitrages, parfois inconfortables, c'est incontournable. Mais rappelle-toi que c'est ton bien-être et ton équilibre qui comptent, et non le fait d'atteindre un idéal impossible.

Irritabilité et frustration

Le manque de sommeil, le stress et la surcharge mentale peuvent rendre les petites contrariétés du quotidien plus difficiles à gérer. Tu te surprends peut-être à t'emporter pour des détails, comme un·e collègue qui te freine sur une tâche, un biberon qui déborde ou ton·ta partenaire qui n'a pas vidé le lave-vaisselle.

Doute et manque de confiance en soi

Le cinquième trimestre est une très grande période d'apprentissage et de décisions à prendre rapidement : que mettre dans le sac pour le·la nounou, laisser Bébé à un·e baby-sitter pour la première fois, accepter un changement de poste.... Tout cela peut te donner l'impression que tu n'es pas à la hauteur ou que tu ne sais rien. Rappelle-toi que toutes les premières fois font cet effet-là : tu vas finir par trouver tes repères.

Accompagner tes émotions

L'idée n'est pas de « gérer » tes émotions comme une to-do list, mais de les accompagner. Les émotions ne sont ni bonnes ni mauvaises, elles sont des messagères et non des obstacles. L'étymologie du mot « émotion » nous rappelle que le mouvement (*motion*) fait partie de sa définition. L'émotion est donc un mouvement qui nous traverse dans le corps, avec un pic qui s'apaise ensuite.

Apprendre à réguler tes émotions est aussi une façon d'accompagner ton enfant dans son développement émotionnel. En effet, les enfants ressentent nos émotions même quand on essaie de les cacher. Il est normal de ne pas toujours être joyeuse ! Montrer que tu traverses des émotions comme l'agacement ou la tristesse et que tu les gères est un apprentissage précieux pour Bébé, et vous allez certainement continuer d'apprendre ensemble.

Accompagner tes émotions en 4 temps

1. Faire un scan corporel : ressens où cette émotion se manifeste dans ton corps (des mains moites, la gorge qui se serre...). Cela peut t'aider à comprendre et à identifier cette émotion.

2. Nommer l'émotion : observe ton émotion sans jugement. Que ressens-tu ? Est-ce de la colère ? De la tristesse ? De la peur ? Essaie de mettre des mots sur ce que tu vis. Il est essentiel de te rappeler que tes émotions sont valides et légitimes.

3. Accepter l'émotion et la laisser s'exprimer : plutôt que de vouloir la faire disparaître à tout prix, permets-lui d'exister. Cela passe souvent par le corps : pleurer, taper dans un coussin, sauter, se secouer, prendre de grandes respirations...Parfois, la simple acceptation allège déjà l'intensité de ton émotion.

4. Exprimer tes besoins : une fois que le pic de l'émotion est passé, tu peux agir sur le message que t'a délivré l'émotion et le besoin qui se cachait derrière. Tu peux l'écrire, l'exprimer à haute voix... Tu peux aussi parler de ce que tu ressens à ton entourage, que ce soit à ton·ta partenaire, à un·e ami·e ou à ton employeur·euse.

À garder à l'esprit : toutes les émotions n'ont pas besoin d'être analysées ! Certaines sont simplement amplifiées par la fatigue et n'ont pas besoin d'être « résolues », mais tout simplement accueillies. Il suffit parfois de laisser passer l'émotion, comme une vague qui te traverse et reflue en quelques secondes ou minutes. Le temps est un de tes alliés précieux en cette période.

LA DÉPRESSION POST-PARTUM

La dépression post-partum (DPP) est une réalité pour de nombreuses jeunes mères. Si elle n'est pas traitée, elle peut prolonger le mal-être et rendre le retour à la vie professionnelle encore plus difficile. C'est un trouble médical qui doit être pris au sérieux.

UNE RÉALITÉ DE MIEUX EN MIEUX CONNUE

La DPP touche environ 15 % des mères. Il s'agit d'un trouble dépressif périnatal, que le pédopsychiatre Jacques Dayan définit de cette façon : « devenir malade d'être mère ». Bien plus qu'un simple baby blues, la DPP se manifeste par une tristesse persistante, une anhédonie (c'est-à-dire une perte de plaisir), particulièrement dans la relation avec son enfant, une baisse de motivation, une mésestime de soi, de l'irritabilité, des troubles du sommeil ou de l'appétit et une profonde fatigue. Si tu te questionnes sur ta situation, c'est déjà un signe qu'il pourrait être bénéfique de consulter un·e professionnel·le (médecin, psy...).
Hélas, la DPP reste encore taboue dans notre société, où la maternité est idéalisée. Bien que le sujet soit de mieux en mieux reconnu, le poids de cette stigmatisation peut te freiner dans ta démarche de soin. Heureusement, aujourd'hui, des ressources existent. N'hésite pas à te faire accompagner.

RECONNAÎTRE LA DPP

La DPP diffère des difficultés habituelles du post-partum, elle a été qualifiée de « dépression souriante » parce que les mamans essaient souvent de faire bonne figure en public. L'échelle de dépression post-partum d'Édimbourg (EPDS) est un outil d'auto-évaluation qui peut t'aider à identifier si tu es concernée :
https://www.maman-blues.fr/1000-jours-epds-widget/

QUE FAIRE ?

Consulter un·e professionnel·le de santé est essentiel : médecin généraliste, gynécologue ou psychologue (tu peux faire appel à un·e psychologue conventionné·e via le dispositif « Mon soutien psy »). Si tu es en confiance avec les personnes qui t'ont suivie pendant ta grossesse ou ton post-partum, n'hésite pas à t'adresser à elles. La prise en charge peut inclure une thérapie, une médication ou un suivi psychologique. Des structures spécialisées, comme les unités mère-enfant au sein des CHU, peuvent aussi t'accompagner.

Sache aussi que des protections légales existent, comme le droit à un arrêt de travail ou des aménagements temporaires (charge de travail réduite, horaires flexibles, temps partiel). N'hésite pas à solliciter ces droits pour préserver ton bien-être.

Un soutien émotionnel et matériel peut vraiment aider. Ton entourage peut te soulager en s'occupant de Bébé pour te permettre de te reposer ou simplement t'apporter une présence bienveillante. Tu trouveras aussi du soutien auprès des associations spécialisées.

Avec un bon accompagnement, la DPP peut être surmontée. Retrouver un équilibre personnel et professionnel est possible, et cet épisode peut devenir une partie de ton histoire sans te définir, ni toi ni ton bébé.

LES RESSOURCES À CONSULTER OU À CONTACTER

Le site de référence du burn-out parental : www.burnoutparental.com
Le site de référence des difficultés maternelles : www.maman-blues.fr
La PMI la plus proche de chez toi : allopmi.fr/pmi/
Le numéro vert Allo Parents Bébé (gratuit) : 0 800 00 34 56.
(Des professionnel·les de la petite enfance à ton écoute, du lundi au vendredi, de 10 heures à 13 heures et de 14 heures à 18 heures.)

4. Ne pas m'oublier et prendre soin de moi

Il est facile de se laisser happer par les besoins de Bébé, la maison et le travail, au point de ne plus penser à toi. Pourtant, il est crucial de te rappeler que prendre soin de toi n'est pas un luxe ni un acte égoïste. C'est une nécessité pour maintenir ton bien-être physique et émotionnel, qui te permet d'être présente pour ta famille et d'assumer au mieux tes responsabilités. Prendre soin de toi, c'est aussi prendre soin de ceux·celles que tu aimes.

Commencer par toi

« Prendre soin de soi » n'est pas une énième injonction à en faire plus ou à être « parfaite ». C'est reconnaître que pour être bien, en tant que maman et personne équilibrée, tu dois d'abord t'accorder du temps. Ce ne sera plus comme avant, c'est vrai, mais c'est toujours essentiel à intégrer dans ton emploi du temps chargé. Souviens-toi des consignes de sécurité dans un avion : « Mettre son masque à oxygène avant d'aider les autres. » C'est pareil pour la maternité : si tu t'oublies toi-même, il devient difficile de durer et d'être présente pour ton enfant.
Le temps pour soi est souvent relégué en dernier, pourtant c'est la base qui maintient tout. Se prioriser ne signifie pas négliger les autres ; c'est reconnaître que ton bien-être est essentiel.

Mets-toi à ton écoute

Te demander « Comment est-ce que je vais ? » est tout simple, mais prends-tu vraiment le temps de répondre à cette question ?

Ton corps t'envoie des signaux qu'il faut écouter, sinon ils se feront entendre autrement. Comment dors-tu, manges-tu, t'hydrates-tu ? As-tu des douleurs ? Pense aussi à ton moral : es-tu épuisée émotionnellement ? Prends-tu encore plaisir dans tes activités ? Comment te sens-tu le matin ?

Effectuer ce check-in est déjà un pas pour prendre soin de toi, et ça ne prend qu'un bref moment. Pour évaluer ton bien-être, l'image de la jauge peut t'aider :

Si tu es dans le vert : OBSERVE ET PROFITE ! C'est le moment d'emmagasiner des bons souvenirs et de noter ce qui fonctionne bien pour te le rappeler le moment venu.

Si tu es dans le jaune : TESTE. Tu as identifié un petit grain de sable. C'est le moment d'essayer une nouvelle organisation, d'avoir une discussion avec ton·ta partenaire ou ton employeur·euse, de faire un ajustement temporaire...

Si tu es dans l'orange : FAIS UNE PAUSE. Prends-toi un jour off pendant que Bébé est gardé, fais sauter un engagement non prioritaire, accorde-toi un aprèm entre copain·ines... Tu as besoin de temps pour décrocher et souffler.

Si tu es dans le rouge : DEMANDE DE L'AIDE. Tu as trop puisé dans tes réserves, tu as besoin qu'on prenne soin de toi et qu'on t'aide à retrouver ton équilibre. Ouvre-toi à un·e professionnel·le de santé ou à un·e proche en qui tu as confiance pour t'aider à entrevoir la suite.

Tu fonctionnes sur la réserve ? Remplis ton réservoir de bien-être par des petites actions

Lorsque ton réservoir de bien-être est vide ou presque, il est difficile de fonctionner normalement. Tu n'as plus assez d'énergie pour t'occuper de toi, tu ne sais plus ce qui te fait envie ou comment répondre à tes besoins. Tu tombes alors dans un mode survie avec des pensées comme « Ce n'est pas 5 minutes qui vont changer quoi que ce soit », « Ça sert à rien de m'arrêter, c'est ainsi, faut juste tenir » ou « Je verrai plus tard ».
Ce mode de fonctionnement est épuisant. Attendre d'être à sec avant d'agir est comme essayer de faire avancer une voiture sans essence : tout devient plus difficile, plus lourd, et tu perds progressivement la capacité de répondre à tes besoins.
Pour éviter cette situation, pense à la vertu du goutte-à-goutte : chaque petite action, chaque petite minute que tu prends pour toi, même si elle te paraît insignifiante sur le moment, contribue à remplir ton réservoir. Que ce soit une brève conversation téléphonique avec un·e ami·e, une pause café en solitaire, 5 minutes au soleil, 10 minutes de lecture... tous ces précieux petits stimulants te permettent de garder le cap et de te rapprocher du moment où tu auras les ressources suffisantes pour des ajustements plus considérables.

Prioriser tes besoins

Tu ne peux pas tout faire, et il est important d'accepter que certaines choses devront attendre. Ce n'est pas le moment d'être tyrannique avec toi-même et de tâcher de cocher toutes les cases en même temps : perdre du poids, reprendre le sport, retrouver ta vie sociale...
Priorise ce qui est essentiel pour toi. Parmi toutes les options qui s'offrent à toi à cet instant, commence par celle qui te procure le plus de plaisir et écarte celles qui ne répondent pas à tes priorités ou à tes besoins du moment. Lance-toi avec un petit changement (une soirée avec un·e ami·e, par exemple), puis tu pourras intégrer tes autres envies au fur et à mesure.

Si tu te sens un peu perdue pour définir tes priorités du moment, tu peux refaire l'exercice p. 35.

Réinventer un « self-care » adapté à ta nouvelle vie

De même que d'autres aspects dans ta vie, la façon de prendre soin de toi – le « self-care » – ne ressemble peut-être pas à ce que tu imaginais avant d'avoir un enfant ou à ce à quoi tu étais habituée. En outre, le temps dont tu disposes est drastiquement réduit. Il est donc possible que la course à pied, activité grâce à laquelle tu te vidais la tête il y a quelques mois ne te fasse pas envie ou que voir du monde, qui constituait un vrai ressourcement, te demande trop d'efforts actuellement.
Or, lors du cinquième trimestre, connaître tes boosters d'énergie est crucial. Qu'est-ce qui te ressource, toi, aujourd'hui ?

Constitue ton kit ressources rien qu'à toi

- ☐ **booster d'énergie physique :** aller prendre le soleil sur le balcon, marcher 20 minutes, prendre une douche, danser ;
- ☐ **booster d'énergie émotionnelle :** appeler un·e ami·e, faire un câlin, planifier un week-end d'évasion ;
- ☐ **booster d'énergie intellectuelle :** écouter un podcast, lire un livre, regarder une vidéo inspirante ;
- ☐ **booster d'énergie pratique :** cuisiner, trier des affaires, pratiquer une activité manuelle qui te détend.

Tu peux prendre le temps de noter ce qui te fait du bien et qui est facile à intégrer dans ton quotidien. Comme ça, au prochain coup de mou, tu n'auras qu'à dégainer cette liste !

Enfin, il est important de caser dans ton agenda ces petits moments de plaisirs.

Moi et Bébé

La reprise du travail marque un tournant dans ta maternité. Après ces premiers mois passés dans un cocon avec ton tout-petit, il peut être déstabilisant de te projeter dans un quotidien professionnel, qui signifie te séparer de Bébé dans la journée, le confier… Tu te demandes comment tout cela pourra fonctionner et comment continuer à nourrir le lien avec lui.
C'est également le moment d'agrandir le cercle autour de Bébé en accueillant dans ton quotidien une nouvelle personne importante : celle qui va garder ton enfant. Une phase d'adaptation va se mettre en place.

Dans cette partie, tu trouveras des pistes pour :

- **vivre une première séparation douce et bienveillante,** en prenant le temps de l'adaptation pour toi et ton bébé ;
- **créer un lien de confiance** avec la personne qui prend soin de ton enfant, pour aborder cette nouvelle organisation en toute sérénité ;
- **réinventer ta complicité avec Bébé,** afin de préserver ce lien unique dans cette nouvelle phase de votre vie familiale ;
- **gérer ton allaitement** ou envisager un sevrage, en accord avec tes besoins et ceux de ton bébé et en prenant en compte les contraintes de ton environnement professionnel.

Vois ces prochains mois comme un chemin en mouvement constant, où les défis initiaux laisseront place à de nouvelles routines et à un équilibre plus fluide. Cette transition est une étape précieuse pour toi et Bébé – ainsi que pour toute ta famille. C'est un moment de transformation qui enrichira votre relation et ta manière d'être maman. Fais-toi confiance : tu as toutes les clés en toi pour t'adapter et avancer avec bienveillance et souplesse.

1. Adoucir la séparation avec Bébé et gérer l'adaptation

On parle souvent de la reprise sous un angle professionnel. Mais on a tendance à oublier qu'il s'agit aussi d'une étape importante dans ta maternité : celle de la première séparation avec ton bébé, qui va vivre ses premiers moments loin de toi. Ce n'est pas rien comme étape, et les émotions sont de la partie.
Pour accompagner cette première séparation, la première étape s'appelle « l'adaptation » ou « la familiarisation » et elle porte bien son nom. C'est en effet le moment où tout le monde prend ses marques : toi (et ton·ta coparent·e, bien entendu), Bébé et la personne qui va s'en occuper. Voyons ensemble comment créer une transition douce pour tout le monde !

Te préparer et préparer Bébé aux émotions de la séparation

Notre société attend de toi que, en quelques semaines, tu passes du rôle de maman louve collée 24h/24 à Bébé à celui de « maman du soir et du matin qui travaille ». C'est assez schizophrénique et propice à créer des montagnes russes émotionnelles : soulagement, angoisse, joie, culpabilité, doutes...

Comment se préparer émotionnellement à cette séparation ? La première étape consiste à mettre des mots sur les émotions que tu ressens, pour pouvoir apporter une réponse adaptée. Très souvent, on se contente d'expressions telles que « Je suis stressée » ou « Je suis triste » qui recouvrent plusieurs réalités et peuvent renvoyer à un malaise léger ou plus profond, selon les situations. Quel mot précis utiliserais-tu pour décrire ton état émotionnel en ce moment ?
Ensuite, les mères que nous accompagnons nous disent souvent qu'elles sont inquiètes parce qu'elles appréhendent la façon dont Bébé va vivre cette séparation. Voici quelques éléments à garder en tête concernant ton enfant pour agir et te rassurer :

• **parler à ton bébé le rassure :** de nombreuses études scientifiques ont montré l'importance de la communication avec les bébés. Donc prends le temps de verbaliser la situation : « Aujourd'hui, tu vas rencontrer pour la première fois quelqu'un qui va s'occuper de toi quand je serai au travail. J'imagine que tu te poses des questions, mais ne t'inquiète pas, je suis là pour t'accompagner dans cette découverte. » Tu peux décrire le lieu, les gens, les activités... Sachant que Bébé n'a pas la même notion du temps, inutile de commencer à parler de cette séparation 3 semaines avant. Les bébés sont dotés de superpouvoirs d'adaptation mais pas nécessairement d'anticipation !

• **l'autoriser à faire sa vie est important pour qu'il s'épanouisse :** puisque Bébé va vivre de nouvelles expériences en dehors de ta présence, il est important que tu puisses l'autoriser à en profiter et à être à l'aise loin de toi. Pas facile quand tu te languis de ton tout-petit, on te l'accorde ! Mais lui montrer qu'il a le droit d'être heureux et de profiter, c'est une bonne façon de te rassurer et de l'aider dans cette transition. Voir p. 155, « Trouver une nouvelle complicité avec Bébé dans le rythme de la reprise ».

• **échanger avec ton·ta coparent·e peut te rasséréner :** enfin, rappelle-toi que tu n'es pas seule face à cela. Ton·ta partenaire est lui·elle aussi concerné·e par cette nouvelle étape pour Bébé. Prenez le temps d'en discuter ensemble et de vous rassurer mutuellement.

Planifier une adaptation

Pendant le congé maternité, tu étais dans une bulle avec Bébé. L'adaptation ou la familiarisation, c'est finalement l'extension de cette bulle à une nouvelle personne et à un nouvel environnement pour Bébé. Pour que cette transition se passe au mieux, il est important d'y dédier du temps et de l'attention.

Généralement, c'est la structure ou la personne à qui tu confies Bébé qui t'indiquera les étapes et le rythme de cette adaptation. Au début, toi et/ou ton·ta partenaire êtes présent·es sur le lieu et avec la personne, pour quelques heures. Puis tu laisses Bébé seul avec la personne en charge pendant un court moment. Puis tu le laisses sur une demi-journée ou une petite journée en intégrant un repas. Bébé va ainsi découvrir son nouvel environnement en faisant l'expérience que ses parents finissent toujours par venir le chercher. C'est la répétition des séparations-retrouvailles qui va lui permettre de vivre au mieux cette nouvelle étape.

C'est comme une danse qui s'écrit à trois : les parents, Bébé et la personne qui va le garder, pour prendre le temps de s'apprivoiser mutuellement. Vous pourrez débriefer en détail des réactions de Bébé, du ressenti de la personne en charge... Ces premiers moments permettent de mettre en place quelques rituels et de faire grandir la confiance réciproque en apportant chaque fois des ajustements : la durée des au revoir, le temps de jeu à trois ou d'observation un peu en retrait...

L'adaptation côté maman : un temps de transition pour toi

« Au moment de mettre mon fils à la crèche, lors de la période d'adaptation, il y a eu une première séparation d'une heure où je me suis retrouvée dans la rue devant la porte, l'âme en peine, un peu hébétée, sans comprendre ce qui m'arrivait... »

Et si tu faisais de cette période d'adaptation un espace tampon pour toi ? Si tu en as la possibilité, nous te conseillons de faire cette adaptation avant ta reprise du travail. Cela va te permettre :

- **de gérer les émotions** que cette première séparation peut provoquer (sans risquer de pleurer en pleine réunion en recevant une petite photo de Bébé !) ;

- **de prendre le temps de te retrouver seule**, sans Bébé dans les bras ou sous ta responsabilité. C'est étrange, les premières fois, et cela peut te donner un sentiment de vide ou de décalage. Cette période d'adaptation est donc aussi une façon de reprendre possession de ton enveloppe corporelle ou de retrouver du temps pour fonctionner en solo ;

- **de te faire du bien** et de te reposer avant d'attaquer ta propre reprise. C'est le moment idéal pour dormir, faire un massage, regarder une série, buller en terrasse… bref, faire quelque chose qui te fait du bien sans essayer d'être productive ou efficace !

Appuie-toi sur ton·ta conjoint·e

Un petit conseil : si c'est possible pour ton·ta conjoint·e, il peut être judicieux qu'il·elle prenne quelques jours de congé au moment de cette adaptation et lors de ta reprise ! Ce sont des étapes importantes de votre vie de famille. Concrètement, vous pourrez ainsi :

- vous soutenir émotionnellement dans cette grande première ;

- avoir deux regards complémentaires sur Bébé et sur la personne qui le garde ;

- avoir du temps ensemble sans Bébé (incroyable !) et prendre un peu le temps de vous retrouver ainsi que de vous faire du bien ;

- permettre à ton·ta la coparent·e de se remettre à niveau si il·elle t'a beaucoup laissé t'occuper de Bébé, puisqu'il·elle va devoir prendre davantage le relais lors de ta reprise.

Tu seras également bien plus cool les premiers jours au bureau si tu sais que ton·ta coparent·e est en charge de Bébé ces premiers jours !

Un temps pour profiter de tes aîné·es

Si tu as des aîné·es et que Bébé est le petit dernier, cette période de transition concerne tout le monde. En effet, certains enfants plus grands ont du mal à comprendre que leur maman reste à la maison avec le·la petit·e frère·sœur pendant qu'eux vont à la crèche ou à l'école... Le moment de l'adaptation est donc un moment symbolique et rituel, que Bébé soit gardé par la même personne ou non. Votre organisation va changer et il est important de prendre le temps d'expliquer cela aux aîné·es.
Le temps de l'adaptation peut aussi être vécu comme un moment privilégié avec tes plus grand·es, pour retrouver une autre forme de complicité et d'attention : tu peux prévoir un déjeuner ou une sortie d'école rien qu'avec eux·elles, par exemple !

Un temps d'adaptation

Si pour des raisons pratiques cette période d'adaptation a lieu en même temps que ta reprise professionnelle, prends le temps d'expliquer la situation à ton employeur·euse pour qu'il·elle soit plus souple pendant ces quelques jours. Le télétravail est aussi une bonne option !
Enfin, il est assez fréquent que le mode de garde dont tu disposes à ta reprise ne soit pas définitif. Dans cette situation, de nouvelles périodes d'adaptation sont à prévoir pour chaque nouveau mode de garde.

L'adaptation/la familiarisation côté Bébé : la découverte d'un nouveau rythme

Bébé ne parle pas, donc il exprime son inquiétude ou son ressenti par des changements dans son comportement. C'est courant que les mamans évoquent une petite « grève de la faim » ou du sourire, ou encore un sommeil affecté. C'est transitoire et même si cela peut t'inquiéter, cela fait partie de son processus d'adaptation à son nouvel environnement. Tu n'as rien à changer à vos routines quotidiennes, le temps va réguler tout cela.
Il est possible que la personne qui garde Bébé te fasse part de comportements qui te semblent très différents de ceux que tu

connais. Par exemple, il est fréquent qu'un bébé qui ne dort que dans les bras à la maison s'endorme facilement dans son berceau à la crèche, qu'un bébé qui fait des petites siestes à la maison en fasse des longues chez le·la nounou ou qu'il refuse le biberon à la maison et qu'il n'y ait pas de souci à la crèche.
C'est presque frustrant parfois et tu peux te demander quelle astuce magique de parent tu ne possèdes pas encore... Mais c'est assez normal : est-ce que tu es la même personne au bureau, chez tes beaux-parents ou en week-end chez ton·ta meilleur·e ami·e ? Il y a des chances que non. Eh bien, pour Bébé, c'est pareil ! Le rythme des repas à la crèche, la présence des autres enfants chez le·la nounou... tous ces changements vont être intégrés par Bébé, qui sait très bien faire la différence entre son parent et quelqu'un d'autre.
Ce sont ses premières expériences en tant que personne à part entière. C'est une sacrée étape dans ta vie de maman ! Cela peut venir avec une pointe de tristesse ou de nostalgie, tu peux ressentir un peu d'envie, de frustration ou de la joie (peut-être un mélange de tout ça) à le savoir en sécurité et faisant ses propres expériences. C'est naturel. Accueille toutes ces émotions avec bienveillance.

CHOISIR UN DOUDOU POUR FACILITER LA TRANSITION AVEC LA MAISON

L'utilisation d'un objet transitionnel tel qu'un doudou peut aider certains bébés. Il permettra à Bébé de maintenir un lien entre ses deux mondes, la maison et la crèche, il ne sera pas partagé avec les autres enfants et il va le rassurer. Si Bébé a jeté son dévolu sur un objet en particulier, pense à faire provision d'un deuxième ! Et si ton enfant n'a pas adopté de doudou, tu peux lui présenter un tissu à l'odeur familière ou un objet de la maison.

Gérer l'angoisse ou la peur de la séparation quand elles sont trop fortes

Parfois, l'idée de cette séparation est très difficile, voire paralysante, au-delà de l'appréhension qu'on vient de mentionner. Quelques signaux peuvent t'alerter : tu ressens des attaques de panique, tu as des pensées obsessionnelles, la séparation réveille des angoisses...
Il se joue en toi des choses plus profondes que tu n'arrives pas encore à démêler ou raisonner. C'est OK. Tu peux te faire aider par un·e professionnel·le pour trouver des solutions : le·la psychologue de la maternité, la PMI, ton·ta médecin traitant·e... Envisage aussi de repenser le calendrier de ta reprise pour te donner un peu plus de temps.

2. Créer un lien de confiance avec la personne qui garde Bébé

C'est LE critère qui va te permettre d'envisager sereinement la reprise. En effet, comment envisager de travailler tranquillement si on n'a pas la garantie que la prunelle de nos yeux est en sécurité et épanouie ? Dans notre enquête de 2021, 40 % des mères nous confiaient ne pas avoir confiance dans le mode de garde choisi. C'est beaucoup. Au-delà du choix initial que tu as fait (et plus ou moins subi en fonction des possibilités sur ton territoire), la confiance se travaille et s'instaure au fur et à mesure. Voyons ensemble comment créer ce climat de confiance bénéfique à tous·tes.

Être au clair sur tes attentes

En tant que jeune maman, tu peux avoir peur d'être « remplacée » en voyant Bébé s'attacher à la personne qui va passer tant de temps avec lui. « Est-ce que Bébé va m'oublier ? », « Est-ce qu'il va préférer son·sa nounou ? », « Pourquoi ne veut-il pas venir dans mes bras le soir ? », « S'il me rejette, c'est qu'il ne me fait plus confiance »... Toutes ces questions parlent de ton angoisse de séparation, et c'est bien normal !

Premier élément à garder en tête : le rôle des personnes qui gardent Bébé est de prendre soin de lui en ton absence et non de te remplacer. C'est impossible ! Imagine plutôt votre relation comme un binôme, une super équipe dédiée au bien-être de

Bébé. Vous allez apprendre à travailler main dans la main, chacun·e à sa place.
Chaque parent est différent. Il est donc important d'être au clair sur ce que tu attends en priorité de la personne qui accueille ton bébé :

- qu'elle donne de l'affection à Bébé ? que Bébé reçoive des câlins et des petits noms affectueux ?
- qu'elle respecte le cadre éducatif que tu as posé ? qu'elle stimule le développement de Bébé ? qu'elle suive son rythme ? que Bébé ait des habitudes ou des règles similaires à celles de la maison ?
- qu'elle ait de l'expérience et t'apporte des conseils sur le développement de Bébé ? qu'elle t'accompagne dans ton cheminement de maman ?
- qu'elle soit une alliée dans ton allaitement ?

Communiquer tes besoins d'ajustement

Même si tout se passe bien, il se peut parfois qu'un détail te gêne : le fait que la télévision soit allumée quand, le soir, tu arrives chez l'assistant·e maternel·le ou qu'un·e éducateur·trice différent·e chaque jour te fasse la transmission, par exemple. Or il n'est pas toujours facile dans ce cas de poser une question ou d'avoir l'air de déranger un ordre établi.
Ton besoin d'être rassurée est plus important que tout. Dans ce cas, quand tu l'exprimeras, place-toi toujours du côté de l'intérêt de l'enfant : « Pour le bien-être de mon·ma fils·fille, est-il possible de discuter de... ? » Ce ne sont pas deux clans qui se font face mais deux personnes autour de l'enfant. Prends le temps de formuler tes demandes via ce prisme et montre-toi factuelle avec des observations et des faits tangibles : le rythme de Bébé, un comportement que tu as noté, une question de sécurité...
Il est tout à fait légitime de poser des questions, même les plus banales. Pour t'aider à te projeter sur ce qui se passe pendant ton absence, tu peux demander quelles sont les routines, l'organisation des journées... Tu peux demander quelques aménagements temporaires le temps de te rassurer si ça ne met pas en

difficulté les autres personnes concernées : un temps d'accueil plus long le matin, un petit rituel... Toi seule connais bien ton bébé et ses besoins. Parfois, un détail et une petite modification dans la routine améliorent la dynamique pour tout le monde !

Demander des informations pour te rassurer

De plus en plus de crèches ont des applis qui permettent de suivre les événements de la journée et de la vie de la collectivité. Chez les assistant·es maternel·les et les nounous, on va retrouver un carnet de liaison. App ou carnet, tu y trouveras généralement la même chose : les heures et la composition des repas de Bébé, les heures et les durées de sieste, les selles, les comportements ou autres faits notables.

> *« J'ai trouvé un super joli carnet déjà conçu comme un carnet de liaison que ma nounou avait juste à remplir. Elle a beaucoup aimé le support et ça nous a aidées à communiquer. »*

Certaines mamans aiment bien recevoir des petites photos ou des vidéos de leur enfant dans la journée. Si tu en ressens le besoin, n'hésite pas à en parler au·à la nounou ou à la crèche pour convenir ensemble de ces habitudes. Dans tous les cas, mieux vaut écrire ou appeler plutôt que de te morfondre toute ta journée en espérant avoir des nouvelles !

Mettre en place les transmissions du matin et du soir

Le matin et le soir sont deux moments importants de l'interaction entre toi et la personne qui garde Bébé.
Le matin, c'est plutôt toi (ou le parent en charge à ce moment-là) qui vas donner de l'information sur Bébé : comment s'est passée

la nuit, s'il commence à faire ses dents, s'il est malade ou a besoin de repos, si tu viens le chercher plus tôt…
Le soir, c'est dans l'autre sens : tu as un compte rendu de la journée de Bébé ! Cela te permet de savoir ce qu'il a vécu et de comprendre pourquoi tu le trouves plus agité, fatigué ou pourquoi il a très faim au dîner, par exemple.
Selon l'âge de l'enfant, le contenu de ces transmissions va changer. Pour les plus petits, on va se concentrer sur les selles, les biberons et les heures des siestes. Plus Bébé grandit, plus les transmissions comporteront des anecdotes sur ses acquisitions, ses interactions, ses jeux, ses découvertes… Les anecdotes vont nourrir la relation. Si tu sais que Bébé s'entend bien avec la petite Nora ou qu'il est dingue du nouvel ours en peluche, c'est une bonne façon de créer une continuité pour lui entre l'univers de la maison et le sien pendant la journée.

N'hésite pas à indiquer au·à la nounou ou à la crèche quelles sont les informations dont tu as besoin car chaque parent est différent ! Souhaites-tu par exemple qu'on te fasse part des premières fois de Bébé ? Ou, au contraire, préfères-tu ne pas savoir ? (En tant que parent, on a souvent envie d'être le témoin privilégié des premières fois et c'est tout à fait OK de demander à ne pas savoir dans ces cas-là !)

Si c'est possible, faites en sorte de vous relayer pour la transmission du soir, ton·ta conjoint·e et toi. C'est toujours intéressant d'avoir le point de vue de ton·ta coparent·e pour nourrir la relation avec l'équipe ou la personne qui gère Bébé. C'est également enrichissant de changer de rôle – celui·celle qui reçoit l'information puis celui·celle qui la transmet – et d'être avec Bébé à des moments différents.

T'intéresser à la vie de la crèche ou de l'assistant·e maternel·le

Cela paraît évident mais il est bon de le rappeler : s'intéresser à ce que vit l'autre, remettre de l'humain dans les échanges, est une bonne façon de créer un climat de confiance et de tisser du lien.

Le métier d'éducateur·rice de jeunes enfants ou d'assistant·e maternel·le n'est pas facile. Aussi, poser des questions, soutenir, s'intéresser à l'organisation, apprendre le nom des personnes de la crèche, le nom des parents et des autres enfants qui sont gardés, proposer d'apporter un goûter sont autant de bonnes façons de créer un collectif soudé autour de Bébé.
Ça fonctionne dans les deux sens : plus tu seras attentive et respectueuse, plus tes demandes et tes souhaits seront entendus.

Agir quand ça ne va pas

Parfois, ça coince et ce malgré tous tes efforts… C'est difficile de se sentir en conflit avec la personne qui garde Bébé. Au-delà de ton rapport personnel au conflit, tu peux éviter d'aborder le sujet par crainte que l'assistant·e maternel·le se « venge » sur ton enfant ou que cela dégrade encore plus votre relation…
Que faire quand tu sens qu'un problème se pose ou qu'un conflit couve ?

Demander à la personne un temps dédié pour en parler

« J'aimerais qu'on puisse parler du sujet X, est-il possible de s'appeler ou de prendre un moment en dehors de la présence de Bébé pour en discuter tranquillement ? » Comme ça, personne n'est pris par surprise et cela minimise les risques de malentendus.

Utiliser les outils de la communication non violente

L'idée ici est d'aborder le sujet qui te pose problème en évitant un ton accusateur. Plus facile à dire qu'à faire, nous te l'accordons. Afin d'être constructive et de trouver la meilleure solution pour Bébé, tu peux avoir recours au cadre de la communication non violente pour exprimer ton ressenti, le fameux OSBD :

1. OBSERVATION, en parlant des faits concrets, par exemple : « Bébé a été mordu 4 fois ce mois-ci » ou « Bébé montre des signes inhabituels de sommeil ces dernières semaines » ;

2. SENTIMENT, autrement dit parler de ton ressenti à la première personne en te mettant au centre, par exemple : « Je m'inquiète » ou « Je suis mal à l'aise » ;

3. BESOIN, en exprimant le résultat espéré, par exemple : « J'ai besoin de comprendre de quelle façon le même incident arrive de manière répétée » ou « J'aimerais que Bébé puisse garder son rythme de sieste » ;

4. DEMANDE signifie formuler une possibilité de changement ou de solution, par exemple : « Comment éviter l'interaction entre cet enfant et le mien après la sieste puisque c'est souvent le moment où ça arrive ? » ou « Est-ce possible de changer le programme de l'après-midi et de faire la sortie le matin pour laisser Bébé dormir plus l'après-midi ? ».

Il est important de toujours communiquer en mettant l'enfant et son besoin au centre de votre discussion. Vous avez sans doute tous·tes à cœur son bien-être !

Connaître tes droits et devoirs de parent-employeur

Parfois, les tensions portent sur le cadre de travail avec le·la nounou ou l'assistant·e maternel·le de ton enfant. Il est alors essentiel de prendre la pleine mesure de ton rôle d'employeur·euse et de l'assumer en te renseignant sur tes droits et devoirs (voir le site de Pajemploi) pour assainir votre relation.

Ne pas rester seule

Si malgré les échanges, les problèmes persistent ou s'ils te semblent graves, entoure-toi et ne reste pas seule. Dans le cas où Bébé est gardé :

- dans une crèche, demande à rencontrer le·la directeur·trice (ou l'employeur·euse de ce·tte dernier·ère si le problème se pose au niveau de la structure) ;

- par un·e assistant·e maternel·le, contacte le relais petite enfance ou ta PMI ;

- par un·e nounou en garde partagée, prends le temps de confronter ton point de vue avec celui de ta cofamille ;

- par un·e nounou dont tu es la seule employeuse : si tu as fait appel à un organisme pour la trouver, demande-leur conseil.

Si tu es parent-employeur, tu peux faire appel à la Fédération des particuliers employeurs de France (FEPEM), qui dispose d'un service juridique. Une fois que tu as adhéré à la fédération, tu peux bénéficier d'un accompagnement dans tes démarches. Un soulagement !

Les groupes de parents employeurs sur les réseaux sociaux sont aussi une mine d'or pour obtenir des réponses et bénéficier de retours d'expérience.

Évidemment, si la sécurité ou la santé de Bébé est en jeu, tu peux aller jusqu'à porter plainte. Quand la sécurité d'enfants est en jeu, les délais de la justice sont plus rapides.

3. Trouver une nouvelle complicité avec Bébé dans le rythme de la reprise

La reprise du travail implique que tes journées et celles de Bébé sont différentes. Cela signifie que tu dois réinventer un lien avec ton bébé en dehors du cadre collé-serré que vous aviez connu jusque-là lors du congé maternité.
Comment faire évoluer ce lien dans le respect de tes émotions et des besoins de ton enfant ? Comment continuer à être la mère que tu souhaites avec ce nouveau rythme ? Faisons le point ensemble dans ce chapitre !

Réinventer du temps de qualité avec Bébé

Premièrement, tu peux réfléchir à faire évoluer les moments de qualité que tu avais avec Bébé pendant ton congé maternité, en les adaptant à tes nouvelles contraintes horaires. Par exemple, si vous adoriez tous les deux la sieste d'après-midi collés-serrés pendant ton congé maternité, vous allez réinventer ce plaisir en trouvant une nouvelle façon de garder votre lien.
Ensuite, tu peux essayer de comprendre ce que tu mets derrière

la notion de « temps de qualité » avec Bébé. Est-ce que c'est un besoin physique, avec des câlins par exemple ? d'interactions ? d'être témoin de ses apprentissages et acquisitions ? de jeu ? de temps passé ensemble ?
En fonction de ta réponse et de l'âge de Bébé (les besoins d'un bébé de 3 mois ou de 8 mois sont différents), tu peux mettre en place une organisation qui permet d'insérer ces temps de qualité : sanctuariser la tétée du matin, le retour le soir en porte-bébé plutôt qu'en poussette pour se faire des papouilles, le moment du bain pour jouer et se parler...
Pas de pression, tu vas tâtonner et trouver ce qui vous convient le mieux.

Te ménager des pauses avec Bébé

Courir le matin pour ne pas être en retard, respecter une heure de coucher décente, donner le bain et jouer un peu : on sait que matin et soir restent des moments chronométrés qui manquent parfois un peu de spontanéité ou de douceur. Cette pression des horaires, Bébé peut la ressentir et la manifester par des pleurs, une agitation ou des cris.
D'abord, sache que tu fais déjà ce qu'il faut. Tu fais au mieux et bravo pour ça.
De plus, pour contrebalancer cette tendance, tu peux commencer par identifier une action qui permettrait de ralentir et de profiter d'un espace tampon : faire un tour au parc au lieu de rentrer directement un soir par semaine, décaler le réveil de 10 minutes le matin ou re-répartir les tâches avec ton·ta conjoint·e pour avoir un moment de calme pour le premier biberon ou la première tétée de la journée...

Te nourrir du plaisir pris au bureau pour revenir plus épanouie vers Bébé

Dans notre société, on oppose souvent la vie professionnelle et la vie familiale. Cette opposition est souvent illustrée par l'image d'une balance, avec d'un côté le pro et de l'autre le perso ; la recette magique du bonheur résiderait alors dans un équilibre parfait à trouver entre les deux.

Dans nos ateliers, nous déconstruisons cette opposition entre des domaines de vie considérés comme hermétiques car elle n'est pas aidante ni opérante dans la vie de jeune parent. Avec cette vision, tu risques vite d'être coincée dans une compétition entre le temps passé avec Bébé et le temps passé au bureau, et de te sentir en échec permanent.
Nous lui préférons l'image des vases communicants, qui te place au centre, unifiée : ce que tu vis au bureau, les apprentissages que tu y fais et les interactions sociales que tu y trouves nourrissent ton quotidien et ton bien-être. Si le bureau est un endroit où tu prends du plaisir, tu accumules une bonne énergie que tu ne laisses pas à l'entrée de la maison ! Au contraire, elle t'accompagne et te permet d'interagir avec Bébé en étant de bonne humeur. Le plaisir que tu prends au fait de reprendre le travail se ressent et se communique à Bébé, quelles qu'en soient les raisons : retrouver ton·ta collègue ami·e, mieux cadrer tes journées, te sentir compétente dans ton métier, te sentir utile... Si la reprise du travail te fait du bien, tu peux ainsi t'autoriser à l'apprécier pleinement.

Accepter que Bébé fait sa vie de son côté

Un des grands bouleversements du cinquième trimestre est que tu n'es plus nécessairement la témoin numéro un des progrès de Bébé. La première fois que le·la référent·e de la crèche ou les grands-parents t'annoncent qu'il a sorti sa première dent ou qu'il passe du dos sur le ventre tout seul, ça va te faire un drôle d'effet de ne pas avoir été présente... Pourquoi ? Parce que perdre la primeur des évolutions de ton enfant peut te donner le sentiment qu'on te prive de ta place de parent. Tu peux ressentir la frustration de manquer des étapes cruciales.
Les choses changent, c'est certain : le monde de Bébé s'enrichit de nouvelles personnes, de nouvelles interactions ! Et c'est là aussi un apprentissage de la maternité à faire : ces premières expériences vont dans le sens de la vie. Ton enfant commence à vivre sa vie, et une part de celle-ci restera pour toi un mystère. Tu ne pourras pas tout baliser ou tout partager.
Cette nouvelle réalité ne veut pas dire te résigner à vivre « à côté » et dans la frustration ! Tu peux t'organiser avec la personne qui garde Bébé pour partager les moments importants de

son développement. Par exemple, tu peux demander à recevoir une petite vidéo, prendre le temps d'en discuter lors de la transmission du soir, demander à ne pas savoir pour avoir l'impression que c'est avec toi que ces nouvelles étapes sont franchies...
Ouvrir un dialogue constructif et aidant sur tes questionnements de parent auprès des professionnel·les qui gardent ton enfant peut aussi être une façon de construire ta parentalité en s'appuyant sur ce grand village, et en sortir plus épanouie et plus sûre de ta place aux côtés de Bébé.

Prendre confiance dans ton rôle de mère

La reprise, c'est aussi le moment où ta maternité et tes choix éducatifs sont exposés au regard des autres. Le·La nounou, les grands-parents, les autres parents... ont tous·tes un point de vue sur le sujet.
Cela peut te mettre la pression, t'amener à vouloir être parfaite et à anticiper le jugement des autres. Cela peut se traduire par la tentation de tout vérifier ou anticiper, par une avidité à lire tous les livres possibles sur le développement de Bébé... Les premières fois, qui arrivent quotidiennement à cet âge, peuvent te mettre en stress et ce d'autant plus si c'est ton premier enfant : Bébé est-il assez couvert avec ce changement de température ? Sommes-nous en retard pour la diversification ? Comment anticiper tous les cas de figure lors de notre premier week-end loin de nos habitudes ?
Or on apprend en avançant. Oui, il y aura des loupés et des ratés, des épisodes difficiles ou inconfortables sur le moment mais qui pourront te faire sourire dans quelques années. Tu vas apprendre à te faire confiance et à mieux vivre les doutes et l'inconnu.

4. Allaiter au travail

Tu allaites et tu te poses des questions alors que tu reprends le travail : c'est bien normal ! Que tu décides de sevrer ton bébé ou de poursuivre l'allaitement au bureau, voici quelques conseils pratiques pour t'accompagner dans ta décision et ta démarche.

Continuer ou arrêter d'allaiter, tout est possible

En tant que maman allaitante, tu as trois possibilités quand le moment de la reprise du travail se présente :

- **le sevrage :** il s'agit de remplacer un allaitement au sein par du lait infantile. Cette transition s'accompagne et va te demander d'anticiper ta reprise pour remplacer progressivement les tétées par la prise du biberon de lait infantile ;
- **l'allaitement mixte :** il s'agit de conserver l'allaitement au sein quand tu es avec ton bébé (les matins, les soirs, les nuits et les week-ends) et de remplacer les tétées en journée par du lait infantile ;
- **l'allaitement exclusif :** tu conserves les tétées quand tu es avec ton bébé (les matins, les soirs, les nuits et les week-ends) et tu tires ton lait quand tu es au travail pour lui donner du lait maternel quand il est gardé.

Ça, c'est la théorie ! En pratique, tu vas instaurer avec ton bébé un type d'allaitement qui vous est propre et qui dépend aussi du contexte.
Quel que soit ton choix ou ta réalité, nous te conseillons vivement de te faire accompagner dans cette transition. Tu peux faire appel à un·e consultant·e en lactation, à un·e sage-femme ou à la PMI de ta ville pour bénéficier de conseils adaptés à ta situation : aide au maintien de la lactation, nouvelle routine de tirage et d'allaitement, règles pour le sevrage...

Tire-allaiter au travail : tes droits

Reprendre le travail en poursuivant l'allaitement peut sembler compliqué, mais sache que c'est encadré par la loi, que tu sois salariée ou fonctionnaire. Si tu es à ton compte, tu disposes a priori d'une flexibilité qui te permettra de t'organiser.

Voici un récapitulatif de tes droits si tu es employée dans le privé :

- tu peux allaiter ton enfant ou tirer ton lait durant les heures de travail jusqu'à ses 1 an ;
- tu peux réduire ton temps de travail de 1 heure par jour, répartie en deux périodes : 30 minutes le matin, 30 minutes l'après-midi. En pratique, tu es libre de t'organiser comme tu le souhaites, en accord avec ton employeur·euse. Mais si ne trouves pas d'accord avec ce·tte dernier·ère, cette période sera placée au milieu de chaque demi-journée de travail. La période d'allaitement en question est réduite à 20 minutes si ton employeur·euse a mis à ta disposition un local dédié (dans ou à proximité des locaux affectés au travail) ;
- les temps de pause dédiés à l'allaitement ne sont pas rémunérés (sauf dispositions conventionnelles contraires). Si tu es au forfait jour, cela n'a pas d'incidence ;
- si ton entreprise emploie plus de 100 salariées, alors elle a pour obligation d'aménager un local dédié à l'allaitement dans son établissement (ou à proximité). Un tel local doit respecter des normes strictes en matière de santé et de sécurité au travail.

Certaines entreprises disposent également d'accords internes ou de conventions collectives plus avantageuses sur le sujet. N'hésite pas à te renseigner.

Tire-allaiter au travail : bien t'organiser au bureau

« Tirer mon lait pendant mon p'tit déj aux aurores ; laisser mon bébé et mon mec qui lui donne un biberon de ce lait ; me retrouver sur le quai du RER avec mon tire-lait et ma glacière en plus de mes affaires de travail ; avoir les seins qui explosent au bout de quelques heures ; me retrouver à tirer mon lait dans un bureau partagé en déjeunant et face à une collègue qui déjeune elle aussi… C'était très sport, les premiers temps, mais j'ai fini par trouver mon rythme ! »

Voyons ensemble comment faciliter ton quotidien de maman allaitante sur ton lieu de travail.
L'objectif est double : tirer ton lait régulièrement de sorte à éviter les engorgements et les inconforts de ton côté, et conserver ce lait pour le donner à ton bébé.

Identifie le lieu où tu pourras tirer ton lait

Il peut s'agir d'une salle dédiée dans ton entreprise, de l'infirmerie, d'un bureau fermé qu'on a mis à ta disposition… Passe les lieux en revue : as-tu accès à une prise facilement ? à un point d'eau ? à un endroit pour t'asseoir ? Dans la mesure du possible, essaie de trouver un lieu confortable pour toi. Tu peux profiter de ta visite médicale de reprise pour évoquer ce souhait avec le·la médecin du travail et identifier tes possibilités avec lui·elle. Tu as besoin d'être au calme pour pouvoir tirer ton lait tranquillement !
Certaines entreprises sont favorables au télétravail au moment de la reprise pour faciliter l'allaitement, n'hésite pas à demander.

Choisis-toi des allié·es

Allaiter au travail demande un peu de logistique. Pour te renseigner sur ce qui se fait à ton bureau, tu peux contacter les RH ou l'infirmerie. Pour éviter les remarques désagréables, demande du renfort à un·e collègue avec qui tu t'entends bien et qui pourra faire « écran » ou à une collègue maman qui est déjà passée par là.

Trouve ton rythme et ta routine

Un allaitement, ça évolue, ce que tu as sûrement déjà expérimenté pendant ton congé maternité ! De même, tu ne seras pas la même maman allaitante avec un bébé de 4 mois qu'avec un bébé de 7 mois. Et ton bébé n'aura pas les mêmes besoins dès lors qu'il va commencer sa diversification. Fais-toi confiance et écoute-toi dans tes besoins et tes envies.
Et même si sur le papier cela peut paraître compliqué, une fois les habitudes prises, promis ça va aller !

L'ALLAITEMENT AU BUREAU, UNE RÉALITÉ QUI DÉRANGE

Poursuivre l'allaitement au travail n'est pas une réalité pour toutes les femmes qui allaitent lors de leur congé maternité. Dans notre enquête de 2021, seule la moitié des femmes ont fait ce choix. Et parmi elles, les 3/4 ont tu cette réalité à leurs collègues et se sont organisées en cachette...
Il y a bien sûr de nombreuses raisons qui expliquent ces chiffres : peu d'accompagnement des mères, logistique pas toujours compatible avec l'emploi...
Nous croyons aussi beaucoup au fait que l'allaitement au travail est une métaphore du cinquième trimestre. Déposer son tire-lait sur son bureau, c'est finalement assez symbolique : c'est annoncer aux yeux de tous·tes qu'un changement est advenu, c'est affirmer que la frontière entre l'intime et le bureau est plus fine que ce qu'on croit. Et parfois cela demande du courage, surtout dans des espaces de travail largement tertiarisés aujourd'hui où le corps n'a plus sa place et « dérange ».

Tire-allaiter au travail : le bon matériel et les bonnes informations

Choisir son tire-lait

À chaque femme son tire-lait ! Qu'il soit manuel ou électrique, il est important d'en choisir un qui te convienne. Il doit avoir une téterelle qui s'adapte bien à ton sein. Il existe plusieurs tailles, n'hésite pas à essayer.
Tes critères de choix peuvent être la rapidité de tirage, le bruit, l'encombrement et le poids, l'accès à une prise, le fait qu'il s'adapte aux deux seins en même temps ou l'un après l'autre...
Comme tu le vois, les possibilités sont nombreuses, et les marques ont proposé pas mal de nouveautés et d'innovations ces dernières années. Fais-toi accompagner pour le choisir afin qu'il réponde à tes besoins. Tu peux bénéficier d'une prescription médicale pour te le faire rembourser.

TU PEUX LOUER TON TIRE-LAIT !

Les tire-laits sont souvent disponibles à la location dans les pharmacies. Choisis une pharmacie ayant le label « Ami des bébés » ou va sur des sites spécialisés, comme Grandir Nature ou Tire-lait Express.

Se sentir à l'aise dans des vêtements adaptés

Depuis quelques années, les marques de prêt-à-porter proposent des tenues allaitement et boulot compatibles. N'hésite pas à prévoir plusieurs tenues dans lesquelles tu te sens à l'aise et qui correspondent à ton environnement professionnel. Tu peux trouver des boutiques spécialisées, des grandes enseignes ayant un rayon jeunes mamans et des offres de seconde main.
Pense également à mettre dans ton sac un haut de rechange, en cas de petit incident !

Les accessoires indispensables

Voilà une petite liste de ce qui pourra t'être utile pour recueillir, transporter et conserver ton lait :

- ☐ une petite glacière + un pack de glace ;
- ☐ des sachets ou des petits pots hermétiques pour recueillir ton lait ;
- ☐ un stylo ou un marqueur pour noter sur le pot la date à laquelle tu as tiré ton lait pour ne pas t'emmêler les pinceaux ;
- ☐ des sacs de congélation pour emballer tes téterelles ;
- ☐ un tote bag pour aller laver tes accessoires si la salle où tu tires ton lait n'est pas équipée d'un lavabo ;
- ☐ des coussinets d'allaitement, très pratiques pour éviter les fuites ;
- ☐ un doudou, un pyjama ou une photo de Bébé pour faire monter l'ocytocine et faciliter le tirage de ton lait !

Faire le relais avec la maison ou la garde de Bébé

Dans la mesure du possible, choisis un mode de garde avec des personnes sensibilisées à l'allaitement maternel. Tu auras ainsi un relais facile avec quelqu'un qui saura utiliser avec précaution les quantités que tu lui auras fournies et respecter les normes de conservation du lait.
En effet, nourrir un bébé avec du lait maternel ou avec du lait infantile n'est absolument pas identique : le rythme observé, les quantités à donner...
Si tu allaites et prévois une garde, il peut y avoir une phase d'adaptation pour que bébé accepte le biberon. Tu peux com-

mencer à le familiariser avec quelques semaines avant la reprise. Cela peut être un vrai sujet de stress, mais rassure-toi : même si ton bébé boude le biberon à la maison, dans la plupart des cas, il l'acceptera à la crèche ou chez la nounou. Parfois, un bébé peut refuser de s'alimenter temporairement, mais cela finit souvent par se normaliser. Et si ce n'est pas le cas, d'autres alternatives existent, comme l'alimentation à la cuillère, au yaourt ou flan au lait maternel, éventuellement enrichis au lait infantile. Garde en tête que cette période de transition peut demander de la patience mais des solutions existent.

Si tu poursuis un allaitement mixte, il est possible que Bébé fasse de plus longues tétées le matin, le soir et même la nuit, et donc que tu aies à t'organiser en conséquence au début.

LES RÈGLES DE LA CONSERVATION DU LAIT

TRANSPORT DU LAIT

Le lait recueilli doit être transporté dans une glacière ou dans un sac isotherme avec pack de réfrigération pour respecter la chaîne du froid.

CONSERVATION DU LAIT

4 heures maximum à température ambiante (20-25 °C).
48 heures maximum au réfrigérateur à une température de 4 °C.
4 mois au congélateur à une température de – 18 °C.

CONSOMMATION DU LAIT

Le lait décongelé doit être consommé dans un délai maximum de 23 heures. Il ne doit jamais être recongelé.

Sevrer Bébé pour ta reprise : quand et comment s'organiser

Si tu souhaites sevrer Bébé, n'hésite pas à te faire accompagner. Un·e professionnel·le (consultant·e en lactation) pourra te guider spécifiquement en fonction de l'âge de ton enfant, de vos habitudes d'allaitement, de ton besoin d'un sevrage complet ou non... Le fait d'avoir quelqu'un pour t'accompagner et mettre en place un cadre va vous permettre, à Bébé et à toi, de trouver vos marques dans cette nouvelle relation.
Si tu souhaites mettre en place le sevrage avant ta reprise, mieux vaut t'y prendre au moins 3 semaines avant pour t'éviter du stress supplémentaire.

Le sevrage s'accompagne d'un bouleversement hormonal (prolactine, ocytocine et œstrogènes sont de la partie). Et quand les hormones s'en mêlent, les émotions peuvent faire les montagnes russes. Donc avoir un peu de temps pour toi pour faire face est une bonne idée !
Le sevrage devra être progressif pour t'éviter les engorgements et les inconforts. En effet, il faut imaginer ton allaitement comme une usine qui fonctionne à flux tendu plutôt que comme un stock dormant. L'allaitement s'adapte en fonction de la demande, et le sevrage consiste justement à faire baisser progressivement cette demande ! Concrètement, cela passe par la suppression progressive d'une tétée, puis d'une autre, au fur et à mesure.

Pour la suite, plusieurs solutions sont possibles, en fonction de ton bébé :

- garder quelques tétées le soir ou le week-end ;
- utiliser du lait infantile avec un biberon, un gobelet... ;
- profiter de cette étape pour commencer la diversification alimentaire...

Bébé
Pom

Moi et mon couple

L'arrivée d'un enfant bouleverse chaque parent individuellement, mais elle redéfinit aussi profondément la relation de couple. Passer de couple amoureux à couple parental, puis à couple parental actif, est un défi monumental. Ces transitions successives surviennent alors que ton·ta conjoint·e et toi êtes encore en phase d'adaptation à vos nouveaux rôles, souvent dans un contexte de fatigue immense.

Chacun·e de vous deux évolue à son propre rythme : devenir mère et devenir père ou coparent·e sont des chemins singuliers. C'est une période de redécouverte mutuelle, lors de laquelle ce que tu observes chez ton·ta partenaire peut parfois nourrir l'amour et la confiance, mais aussi les mettre à l'épreuve. Ces tensions peuvent donner lieu à ce qu'on appelle le « baby clash » : un moment où les différences de rythmes, d'attentes ou de priorités s'entrechoquent, provoquant des incompréhensions ou des conflits. Trouver de nouveaux repères ensemble demande du temps et de la patience. Il est tout à fait normal que vous vous sentiez dépassé·es ou que vous traversiez des périodes plus chaotiques.

Dans ce contexte, des questions émergent en chacun·e de vous :

- ce qui fonctionnait quand vous étiez deux (ou avant l'arrivée d'un deuxième ou d'un troisième enfant) ne fonctionne plus nécessairement aujourd'hui : comment faire autrement ?
- qui gère quoi dans le quotidien ? Comment répartir équitablement la charge mentale, les tâches domestiques et parentales pour éviter la frustration ?
- comment gérer les tensions qui naissent des décisions importantes (le choix du mode de garde, l'éducation ou la sécurité de Bébé) comme des petits accrocs du quotidien ?

Ces ajustements viennent par ailleurs s'ajouter à un quotidien déjà chargé, où la communication devient essentielle mais se fait souvent dans l'urgence. Moins de temps, plus de sujets sensibles à aborder : il est parfois difficile de maintenir un dialogue serein et constructif, pourtant crucial pour traverser cette période ensemble.

Dans ce chapitre, nous allons explorer ce qui se joue dans ton couple au moment où tu reprends le travail. Comment bien vivre cette transition vers le couple parental actif et le nouveau « rythme de croisière » de votre famille ? Nous aborderons :

- **la naissance du couple parental :** comprendre les bouleversements de cette transition et les défis qu'elle implique ;
- **trouver du temps à deux :** préserver votre lien malgré les contraintes ;
- **traverser les tensions :** identifier et surmonter les conflits, y compris le fameux « baby clash » ;
- **partager la charge mentale :** identifier les déséquilibres et organiser une répartition équitable des responsabilités ;
- **s'organiser en équipe :** découvrir des outils et des méthodes pour mieux fonctionner ensemble au quotidien.

Pour cette partie (comme pour les autres d'ailleurs), nous t'invitons à partager la lecture avec ton·ta partenaire. Elle pourra nourrir vos échanges et ouvrir des discussions enrichissantes pour vous permettre de construire ensemble cette nouvelle dynamique. La manière dont vous prendrez les décisions compte tout autant que les décisions elles-mêmes. Faites-vous confiance : vous trouverez votre propre manière de faire équipe pour aujourd'hui et pour demain.

1. Trouver du temps à deux

Trouver du temps à deux est sans doute l'un des plus grands défis durant cette période. Entre les responsabilités familiales et les obligations professionnelles, il peut sembler impossible de se dégager du temps de qualité, qui faisait l'essence de ton couple. Comment concrètement trouver ces moments ? Comment rester en lien et se retrouver ? Faisons le point !

Accepter que le couple passe au second plan pendant un temps

> *« Avec mon conjoint, on ne fait que se croiser… On a privilégié la gestion de Bébé et une soirée dans la semaine chacun pour respirer mais c'est vrai qu'on manque de temps à deux. »*

Dans les premiers mois après la naissance d'un enfant, le manque de temps et de disponibilité mentale, la fatigue omniprésente et parfois même une baisse d'envie ou d'élan sont autant de raisons qui diminuent votre investissement dans votre couple. Les priorités de ton·ta conjoint·e et les tiennes vont naturellement vers le bébé, et vous vous retrouvez souvent à former un partenariat logistique, chacun·e prenant en charge une part des responsabilités, plutôt que de fonctionner comme un tandem amoureux. L'organisation de ton quotidien tourne autour des besoins de Bébé, et il est facile de mettre de côté les moments de compli-

cité ou les discussions à deux. Ce n'est pas une fatalité, mais une phase normale, où l'énergie est principalement dirigée vers l'enfant et l'adaptation à cette nouvelle vie, heure après heure, jour après jour.
Pourtant, le couple que tu formes avec ton·ta conjoint·e reste le socle de l'harmonie familiale. Il est important de ne pas oublier cette dimension, même si elle est moins présente en surface pendant un temps.

Trouver un équilibre entre tes besoins et ceux de ton·ta coparent·e

L'un des défis auxquels ton couple fait face lors du cinquième trimestre est que chacun·e de vous vit les bouleversements différemment et pas forcément au même moment. Vous pouvez avoir des attentes et besoins différents, et cela peut parfois créer des décalages. Par exemple :

- l'un·e de vous ressent un fort besoin d'intimité à deux, tandis que l'autre est plus focalisé·e sur la gestion du quotidien ;
- l'un·e est inquiet·ète des changements immédiats dans la relation alors que l'autre avance en gardant le long terme comme ligne de mire ;
- l'expérience de la parentalité éveille des transformations profondes dans la vie ou la famille de l'un·e alors que l'autre le vit plus sereinement ou sans grande perturbation.

Tous les ressentis sont valables et ils peuvent émerger de façon surprenante comparé à ce que vous aviez imaginé l'un·e et l'autre. L'important est de rester à l'écoute des éventuels décalages pour ne pas laisser de distance s'installer.
Si tu te sens épuisée et que tu n'éprouves pas de besoin particulier pour des moments à deux, c'est tout à fait normal et légitime. Idem pour ton·ta partenaire. Si vous ressentez la même chose, c'est parfait ! Cependant, si l'un·e de vous a besoin de moments en couple, il est essentiel d'en parler. Verbaliser vous évitera les frustrations, de vous sentir remis·es en question personnellement ou négligé·es par l'autre et vous pourrez trouver des solutions ensemble.

Passer du temps à deux autrement

Pour se retrouver, il faut parfois revoir la définition de ce que signifie « passer du temps à deux ». Il est possible que vous ne puissiez plus faire les mêmes activités qu'avant, et c'est normal.

Partagez les moments qui vous font du bien en toute simplicité

La clé, dans un premier temps, n'est pas de penser en termes d'activités mais de besoins. De quoi avez-vous besoin aujourd'hui en tant que couple ? Cela peut être de repos, de connexion, d'évasion, de tendresse ou de communication. Une fois que vous aurez identifié ces besoins, vous pourrez y répondre et ajuster la manière dont vous passez du temps ensemble, sans chercher absolument à en faire des instants « mémorables ». Cela peut se matérialiser par exemple en s'accordant une sieste collé·es-serré·es, en essayant le nouveau resto du quartier pour papoter, en marchant dans la nature...

Ménagez-vous des espaces d'échange rien qu'à vous

Et si vous cherchiez à vous retrouver à travers des moyens simples et accessibles qui ne demandent pas de temps ensemble ?

> *« Avec mon chéri, on est fans de casse-têtes, d'énigmes. Du coup, on s'envoie des messages sur ceux qu'on trouve et ça nous permet de garder un petit lien sympa entre nous deux, en dehors de Bébé. »*

Trouvez de nouvelles activités en prenant en compte votre nouvelle configuration familiale

Vous pouvez également essayer des choses que vous n'imaginiez pas avant, comme d'autres façons de voyager ou des sorties dans des lieux « family friendly », qui vous permettent tout de même de profiter de moments ensemble.

La check-list des astuces pour vous dégager des moments à deux

- ☐ Faire garder Bébé pour quelques heures, une soirée ou une journée en amoureux·ses peut vous offrir un moment de déconnexion.
- ☐ Profiter des moments de sieste de Bébé ou des soirées pour passer un temps à deux, même si c'est simplement pour discuter ou regarder un film.
- ☐ Mettre en place des « baby dates » avec des ami·es : vous vous relayez pour garder les enfants, permettant ainsi à chaque couple de disposer d'un peu de temps en amoureux·ses.
- ☐ Organiser des « day dates » en journée (le gros hit post-bébé), en profitant de vos RTT ou d'une journée de télétravail simultanée pour déjeuner ou vous promener tous·tes les deux pendant que Bébé est à la crèche ou chez le·la nounou.

Communiquer

Quelle que soit la manière dont vous vivez cette période, la communication est essentielle pour maintenir le lien. Même si le temps est limité et que les discussions sont courtes ou décousues, l'important est de garder le dialogue ouvert. Parler de votre fatigue, de vos ressentis ou de vos attentes, même par SMS ou messages vocaux, peut faire toute la différence. Chaque couple peut inventer sa propre manière de maintenir la connexion.
Tu es la mieux placée pour trouver des solutions taillées pour vous. Qu'est-ce qui vous ressemble ? Qu'est-ce qui fonctionne pour vous deux ?

- Une journée off tous·tes les deux chaque trimestre ?
- Se laisser des petits mots doux sur le frigo ?
- S'écrire des e-mails pour poser ses idées sans le tac au tac de la discussion ?
- Convenir d'un mot magique pour exprimer à l'autre qu'on a besoin d'attention ou de câlins ?

Peu importe la langue, l'essentiel est de trouver la vôtre pour ne pas laisser les non-dits s'accumuler.

Reprendre confiance en votre couple

Il peut être facile de tomber dans des pensées négatives et des jugements, comme : « On ne se voit plus, on ne partage plus rien, notre couple est mort. » On juge son couple en le comparant à ce qu'il était dans le passé ou aux autres couples de son entourage, en ouvrant ainsi la porte aux remises en question et aux peurs.

Votre quotidien a de la valeur

Si c'est ton vécu, tu peux déjà soulager ces craintes en essayant de redonner de la valeur aux moments simples, même ceux qui te semblent banals ou routiniers. Vous êtes deux parents fatigués, assis côte à côte, chacun s'affairant de son côté, mais ces instants ont de la valeur et de la beauté : vous êtes en train de construire une famille ! Vous êtes un couple qui traverse une phase intense, qui gère les priorités différemment, mais qui continue d'avancer. Bravo pour ça !

Le temps est votre allié

Le simple fait de vous projeter ensemble dans des vacances, un week-end ou une soirée peut offrir un réconfort et une perspective apaisante qui permet de tenir dans les moments plus critiques.

> *« Avant les vacances de Pâques, j'ai cru qu'on allait exploser… Mais le fait de changer d'air nous a fait un bien fou et tout ce qui nous paraissait une montagne était plus facile à envisager ensuite. »*

De plus, il est important de garder en tête que tout bouge. La situation actuelle, aussi difficile soit-elle, n'est pas définitive. Les contraintes liées à la parentalité évolueront : Bébé deviendra plus autonome, vous trouverez peut-être plus d'aide extérieure et vous pourrez refaire des projets ensemble.

2. Tensions, disputes : traverser les difficultés à deux

L'arrivée d'un enfant est un bouleversement qui peut mettre le couple à rude épreuve. L'expression « baby clash » décrit la période de tensions qui peuvent survenir entre toi et ton·ta partenaire dans les mois qui suivent la naissance de Bébé. La fatigue, les changements de priorité et les incompréhensions qui s'accumulent peuvent provoquer des disputes et créer une distance dans votre couple. Mais ce n'est pas une fatalité. Traverser cette période difficile est possible, elle peut même renforcer votre lien, si ton·ta partenaire et toi le souhaitez et vous investissez, avec patience et communication.

Reconnaître le baby clash

Les conflits, les malentendus et les frustrations dans le couple après l'arrivée de Bébé sont courants. Ils ne signifient pas que ton couple va mal ou qu'il est fragile. En fait, c'est un phénomène naturel. Entre la fatigue, le stress, le manque de temps pour toi et à deux, les tensions sont presque inévitables. De plus, les espaces pour réguler ces tensions sont plus limités qu'avant. Vous avez moins de souplesse pour discuter, vous reconnecter ou prendre du recul.

Les signes les plus communs du baby clash sont de l'irritabilité et des disputes fréquentes, un sentiment d'injustice ou de déséquilibre dans le partage des tâches, du ressentiment latent, même sur des sujets mineurs, une complicité amoindrie ou une

distance émotionnelle. Des signes plus inquiétants : une forme de retrait émotionnel ou une absence de communication, des disputes qui se répètent sans trouver de résolution, un silence prolongé ou un manque de contact physique durable.
Tu peux alors avoir l'impression que vous êtes devenu·es des colocataires ou des coéquipier·ères plus que des partenaires amoureux·ses. Cela ne signifie pas que ton couple est en danger, juste qu'il traverse une phase difficile. Le plus important est de reconnaître ces signes et de te rappeler que cela fait partie du chemin, et qu'avec des ajustements il est possible de retrouver un équilibre.
Cette prise de conscience faite à deux est une première étape en soi. Il ne s'agit pas de t'ajouter de la charge mentale en te rendant seule responsable du soin porté au couple. Certes, tu peux expliquer, sensibiliser, inviter ton·ta partenaire à y réfléchir à sa manière, mais il·elle n'en reste pas moins coresponsable.

Faire face aux nouveaux sujets de tension

Même en sachant que l'arrivée d'un enfant va bouleverser ton quotidien, il est difficile d'anticiper à quel point cela aura des répercussions sur votre couple.
Dans cette période de grands changements, de nombreux angles morts apparaissent. Tu découvres des aspects inattendus de ton·ta partenaire et réciproquement. Il ne faut pas oublier que ces angles morts sont aussi valables pour toi-même : tu découvres en avançant ce que la maternité et la vie de famille éveillent en toi, et il en va de même pour ton·ta partenaire.
Parfois, cela peut déstabiliser. Des tensions peuvent surgir autour de sujets qui n'existaient pas avant l'arrivée de Bébé : la santé de Bébé, la manière de prendre soin de lui, les relations avec vos familles respectives et l'entourage ou encore la gestion des difficultés comme le manque de sommeil ou de temps solo.

> *« Ma belle-mère avait pris l'habitude de venir sans prévenir le dimanche matin parce qu'elle habite à côté. Moi, ça me crispait mais mon conjoint ne voyait pas le problème. »*

Ces nouvelles « lignes de front » sont normales et peuvent créer des points de friction que vous n'aviez pas envisagés. Vous pouvez même avoir l'impression de ne pas vous reconnaître. Vous êtes pourtant bien le même couple, mais vous traversez des choses inédites et avez donc besoin de nouveaux outils pour les surmonter.
Il existe un adage qui dit : « On ne se sépare pas avant que Bébé ne dorme la nuit ! » L'idée derrière cette phrase qu'on lance avec légèreté est que les décisions définitives comme une séparation ne devraient pas être prises lors d'une période aussi intense. Ce rappel peut t'aider à relativiser les conflits et à donner du temps à ton couple pour que vous vous retrouviez.

Résoudre les conflits par la communication

Le cocktail parfois explosif du cinquième trimestre peut causer des reproches, faire « compter les points », provoquer l'accumulation de rancœurs et de non-dits. Il n'y a pas de secret : chacun·e doit décider de prendre sa part pour construire une nouvelle façon de communiquer à deux. C'est le défi qui se pose aujourd'hui à votre couple et chacun·e de vous choisira comment y répondre.

Enfin, si tu te sens frustrée, cela peut t'aider de te souvenir que ton·ta conjoint·e a aussi des frustrations ou des besoins qu'il·elle n'arrive pas à exprimer. Essayer de changer de regard et laisser un espace pour en discuter peut changer le rapport dans la discussion.

Les outils d'une bonne communication à deux

☐ **Marquer un temps de pause avant de continuer une dispute :** lorsque la tension monte, prendre 5-10 minutes chacun·e de son côté pour se calmer peut éviter les réactions à chaud et permettre à chacun·e de se réguler et de prendre du recul pour se montrer ensuite plus constructif·ive dans la relation.

☐ **Utiliser « je » au lieu de « tu » :** plutôt que d'attaquer ou de faire des reproches, exprimer ses émotions et ses besoins. Par exemple, au lieu de dire « Tu n'en fais jamais assez », préférer « Je me sens épuisée quand je dois tout gérer seule ».

☐ **Exprimer des besoins concrets :** il est souvent plus facile de résoudre un conflit lorsqu'une demande claire et précise est formulée. Par exemple : « J'ai besoin d'un peu de temps pour moi ce week-end. Pourrions-nous organiser les choses différemment ? »

☐ **S'écouter réellement :** à tour de rôle, se concentrer sur un sujet de crispation et laisser l'autre exprimer complètement son ressenti, ses besoins... Puis reformuler pour valider que chacun·e a bien été entendu·e. L'objectif premier avant de trouver une solution est de se sentir écouté·e.

☐ **Planifier des moments dédiés pour parler de la relation :** organiser une fois par semaine ou par mois un moment pour discuter uniquement de la relation, des besoins et des attentes de chacun·e.

Trouver d'autres façons de réguler les tensions

Pour sortir du cercle vicieux des reproches et des crises, voici quelques pistes que ton·ta coparent·e et toi pouvez explorer :

- **entretenir la relation au minimum** pour ne pas se perdre de vue complètement. Par exemple, en prenant le temps de vous dire bonjour le matin et d'échanger quelques minutes au calme, en vous regardant dans les yeux quand vous vous parlez. Bref, revenez aux fondamentaux ;

- **revisiter le « pourquoi » de votre couple.** Parfois, les tensions te font oublier pourquoi tu as choisi ton·ta conjoint·e pour fonder une famille. Cela peut-être une bonne idée de vous rappeler mutuellement vos valeurs communes et ce que vous appréciez chez l'autre, ce qui vous semble prioritaire à tous·tes les deux ;

- **remettre de l'amitié dans votre couple.** Et si tu regardais ton·ta conjoint·e non pas seulement comme un·e partenaire amoureux·se mais comme un·e ami·e ? Comment dirais-tu les choses ? Quelle posture adopterais-tu ?

- **accepter que ton·ta conjoint·e n'est pas parfait·e**. C'est difficile parfois de faire le deuil de la vision idéale du parent ou du·de la partenaire que tu avais construite. Mais partir de la réalité permettra de revenir à des bases solides pour voir les motifs de satisfaction et identifier comment améliorer ce qui doit l'être[1].

Mesurer votre nouvelle réalité

Lorsque vous êtes devenu·es parents, tu t'es sans doute projetée dans cette nouvelle dynamique. Vous en avez même peut-être discuté avant l'arrivée de Bébé. Tu as imaginé comment ton·ta partenaire réagirait, quel type de parent il·elle deviendrait.
Et puis, depuis la naissance de votre enfant, la réalité s'installe et vous la découvrez ensemble en avançant. Est-elle différente de ce que tu imaginais ? En quoi ? Est-ce qu'il y a des sujets laissés en suspens ou tabous avant l'arrivée de Bébé dont il serait à

1 Le livre de Camille Rochet *Être un couple épanoui* (voir p. 228, « Le guide des ressources par thème ») propose des ressources supplémentaires pour accompagner votre cheminement.

présent bon de discuter ?
Au bout de quelques mois, il est possible que tu observes chez ton·ta partenaire des réactions que tu n'avais pas prévues, pour le meilleur comme pour le pire. Certaines peuvent te surprendre ou susciter en toi des comportements ambivalents, des moments d'incertitude, de doute ou, à l'inverse, une joie et une confiance que tu n'avais pas soupçonnées.
Il est important de se rappeler que chacun·e évolue à son propre rythme dans cette transition. Ses premiers pas de papa· coparente ne figent en rien la situation. Comme pour ta maternité, la paternité et la coparentalité sont un chemin qui se construit dans le temps.
Prendre le temps de faire le point en vous demandant « Quel couple de parents sommes-nous ? » peut vous aider à partir de votre réalité présente pour trouver des solutions.

Te faire aider

Lorsque les tensions s'accumulent et que la communication devient difficile, il peut être utile de se tourner vers des ressources extérieures. Que ce soit à travers la lecture d'ouvrages sur la parentalité et le couple, des séances de thérapie de couple ou simplement en demandant de l'aide à un·e proche. N'hésite pas à solliciter du soutien si tu te sens démunie. Parler de tes difficultés, que ce soit à un·e professionnel·le (psy, thérapeute…) ou à un·e ami·e de confiance, peut t'aider à clarifier la situation et à prendre du recul.

Distinguer « baby clash » et violences dans le couple

Les statistiques montrent que l'arrivée d'un enfant peut être un moment critique dans l'émergence ou l'aggravation de comportements violents au sein du couple.

Si ton·ta partenaire adopte des comportements inquiétants tels que :

- une surveillance excessive de tes faits et gestes ;
- du chantage impliquant votre enfant ;
- des menaces, qu'elles soient physiques ou verbales ;

ou si tu ressens de la peur dans la relation, il ne s'agit plus de tensions liées à la parentalité, mais de violences conjugales.

Dans ces cas, ta sécurité et celle de tes enfants doivent alors être une priorité absolue. Il n'est plus l'heure de chercher des solutions en couple, mais de te mettre à l'abri et de trouver un soutien adapté.

Voici quelques ressources pour t'accompagner :

- le **violentomètre** pour faire le point et comprendre ce que tu traverses : https://www.centre-hubertine-auclert.fr/egalitheque/publication/le-violentometre ;
- le 3919 : **Violences Femmes info**, numéro d'écoute national anonyme et gratuit, 7j/7 et 24 h/24 ;
- le **Centre d'information sur les droits des femmes et des familles** (CIDFF) de ton département : https://fncidff.info/

3. Parler de la charge mentale en couple et lever les crispations

Avec l'arrivée de Bébé, les tâches domestiques se multiplient et des obligations parentales apparaissent : le soin à Bébé, son éducation... Si pendant ton congé maternité une certaine organisation s'est mise en place (parce que tu étais à la maison avec Bébé), au moment de ta reprise un travail à temps plein s'ajoute à toutes ces tâches. C'est là que l'écart d'organisation entre ton·ta conjoint·e et toi peut se faire sentir.
La reprise du travail est donc un moment clé pour inverser cette dynamique. Discuter de la charge mentale en couple permet de la reconnaître et de la partager. Prendre du recul pour évaluer ce qui peut être ajusté puis réorganiser progressivement la vie à deux est une démarche essentielle. Explorons ensemble les pistes à envisager avec ton·ta conjoint·e pour que vous trouviez un équilibre au quotidien.

Prendre en compte le poids des tâches invisibles

Cette impression que tu as de porter l'organisation familiale sur tes épaules s'appelle la charge mentale. C'est cette responsabilité invisible, ce travail psychique constant pour anticiper, planifier et gérer l'ensemble des tâches du quotidien, souvent mené en arrière-plan.

La charge mentale se compose de deux grands types de tâches :

- les tâches de gestion du quotidien : courses, repas, bain... ;
- les tâches de planification ou d'organisation : rendez-vous médicaux, gestion de la garde-robe de Bébé, éducation...

La particularité des tâches de planification et d'organisation, c'est qu'elles sont invisibles. Elles sont difficilement matérialisables, ce qui fait que le temps passé à les réaliser est bien souvent « oublié », non quantifié.
En effet, comment mesurer le temps que tu passes à :

- noter mentalement qu'il est nécessaire d'acheter des bodys 18 mois ?
- écouter un podcast sur la diversification alimentaire ?

Pourtant, ces tâches occupent ton quotidien, remplissent ton emploi du temps et te vident très concrètement de ton énergie !

Cette différence entre tâches visibles et invisibles constitue l'une des sources d'incompréhension et d'irritation dans les couples de jeunes parents que nous accompagnons. L'un·e des membres du couple évoquent souvent le sentiment d'« en faire plus ».
De plus, le renforcement du muscle « je m'en charge parce que je peux, je peux toujours plus donc je m'en charge » est l'un des pièges dans lequel on tombe facilement.
Tu te retrouves donc à tout gérer souvent sans même t'en apercevoir : vérifier le sac de Bébé pour la crèche, passer acheter le paquet de couches qui manque sur ta pause déjeuner, être le phare organisationnel pour toute votre vie sociale, envoyer les nouvelles et les photos de Bébé à vos familles respectives...
C'est un mécanisme insidieux : tu penses que dans la mesure où tu as l'habitude d'une tâche et que tu as tous les éléments en tête, il sera plus rapide et efficace que tu l'effectues plutôt que de changer une habitude ou de déléguer. Pourtant, c'est la répétition de ce schéma dans le temps qui diminue toute chance de faire évoluer cette charge mentale.

Une réalité hétéronormée

Si les tâches de gestion parentale et domestique sont réparties de façon plus équitable entre jeunes pères et jeunes mères aujourd'hui, les tâches de planification (souvent invisibles) incombent encore majoritairement aux mères.

Tâches réalisées par plus de 95 % des mères et par moins de 25 % des pères :	Tâches réalisées par au moins 80 % des mères et par au moins 60 % des pères[1] :
• la prise des rendez-vous santé ; • les achats de puériculture ou vestimentaires ; • s'informer sur l'éducation et le développement de Bébé.	• déposer et/ou récupérer Bébé à la crèche ou chez le·la nounou ; • les courses ; • le ménage.

La double journée des mères, à savoir le temps passé en plus du travail par les femmes à gérer la maison et les enfants, est une réalité sociologique. Elle vient de l'héritage des générations précédentes, où la mère ne travaillait pas et assumait seule les tâches domestiques. Or l'entrée des femmes sur le marché du travail au XXe siècle n'a pas été accompagnée par un bouleversement de l'organisation domestique.

Un autre facteur est ce qu'on appelle l'incompétence feinte ou l'« incompétence orchestrée » (*slacking*), qui décrit comment certains hommes évitent les responsabilités domestiques ou parentales en prétendant ne pas savoir faire (« Tu sais mieux que moi », « Tu vas plus vite », « Bébé ne le fait qu'avec toi… ») ou en faisant tellement mal, tellement lentement ou en demandant tellement d'aide ou d'informations à leur conjointe que cette dernière finit par devoir prendre les choses en main.

1 Source : Issence/YesWeShare, « La grande enquête sur le retour de congé maternité », 2021.

Partager le constat dans ton couple

L'une des grandes difficultés est donc de faire voir cette charge mentale à ton·ta partenaire. Il est parfois difficile de saisir ce que l'autre traverse, surtout lorsque le quotidien est chargé par le manque de temps et le stress.
Mettons de côté les phénomènes de mauvaise foi, de manipulation, de mauvaise volonté (qui existent bel et bien même dans des couples où il y a par ailleurs de l'amour et de l'entraide) : chacun·e de nous peut ne pas percevoir les choses de la même façon selon sa personnalité, son vécu, le modèle familial qu'il·elle a reçu et ses dispositions à cet instant T à de l'empathie et à de la remise en question. Comment aborder la discussion alors ?

Les stratégies pour lui faire comprendre ton ressenti

Le principe général est d'adapter la manière de présenter les choses à la personnalité de ton·ta partenaire. Par exemple, tu pourrais :

- ☐ passer par des exemples concrets ;
- ☐ t'appuyer sur des lectures ou des discussions plus théoriques[1] ;
- ☐ établir une comparaison avec des couples que vous connaissez et réaliser qu'il est possible de fonctionner différemment ;
- ☐ te mettre dans la peau de l'autre et inverser les rôles pendant une journée ou une semaine.

Cherchez ensemble ce qui sera le plus parlant.

NB : nous n'ignorons pas le coût de la charge émotionnelle et relationnelle que lancer cette discussion fait peser en plus sur tes épaules !

1 Le post de l'autrice-illustratrice Emma au sujet de la répartition des tâches est très parlant : Emma, « Fallait demander », https://emmaclit.com/2017/05/09/repartition-des-taches-hommes-femmes/

« J'ai dû partir quelques jours en voyage en laissant mon conjoint et mon fils. Mon conjoint a dû s'occuper tout seul de notre enfant et de la maison pendant ces quelques jours et ça lui a ouvert les yeux sur tout ce que je prenais en charge. À mon retour, on a pu en parler de façon apaisée et changer notre organisation. »

Sortir du cercle des reproches

Souvent, c'est la double peine : en tant que jeune maman, tu es sur le pont pour tout gérer et si tu oses exprimer ton insatisfaction, tu es vite accusée de te plaindre ou d'être dans le reproche permanent. C'est le fameux mythe du *nagging*, cette idée sexiste qui consiste à dire que c'est féminin de rappeler systématiquement à l'autre ce qu'il·elle doit faire et d'être toujours sur son dos. En réalité, cela résulte d'un manque de soutien ou d'une surcharge de responsabilités sur un·e seul·e partenaire, généralement la mère, placé·e de force dans ce rôle de celui·celle qui va toujours rappeler à l'ordre ou demander de l'aide.
Nous t'encourageons à agir avant que tu ne sois complètement à bout. À force de trop tirer sur la corde, d'avoir le sentiment d'être toujours celui·celle qui veille à faire à manger de façon équilibrée, qui remarque toujours ce qui manque à la tenue de Bébé ou qui court pour respecter l'heure du coucher, les ressentiments se cristallisent et le moindre écart devient insupportable.

Quelques stratégies pour sortir des reproches

Remettre du liant dans votre relation est aussi une bonne idée, avant même de demander un changement :

☐ remerciez-vous l'un·e l'autre, faites preuve d'attention, c'est déjà une première façon d'amener une prise de conscience : « Merci pour le repas », « Merci d'avoir géré l'urgence Bébé à midi », « Merci pour l'organisation des vacances »... Cela ne change pas la réalité de la répartition mais permet au moins à celui·celle qui a « fait » de recevoir un peu de reconnaissance pour ses efforts !

☐ sans tomber dans le calcul des points, vous pouvez aussi noter les moments où objectivement l'un·e en fait plus que l'autre et organiser des moments de récupération pour celui·celle qui a été en charge : « J'ai assuré seule pendant 3 jours pendant que tu étais en déplacement, je me réserve samedi pour du repos ou une expo. »

☐ Et si vous regardiez ce qui marche bien ? Déjà, ça met du baume au cœur, ça évite de se concentrer sur le négatif et ça permet aussi d'avoir un modèle pour changer les autres aspects de gestion des tâches : « On a bien géré le week-end dans la famille. Chacun·e a pu avoir un petit moment pour lui·elle, c'était chouette. »

Répartir équitablement, ce n'est pas nécessairement faire 50/50

Une répartition égalitaire des tâches ne veut pas dire tout diviser par deux.
Tout d'abord, les tâches ne se valent pas. Par exemple, aller déposer Bébé le matin chez le·la nounou ou le récupérer le soir n'aura pas le même impact sur votre journée de parent ni au tra-

vail. Tout simplement parce que, d'un point de vue professionnel, il est plus difficile de partir le soir à un horaire fixe ou plus tôt, compte tenu des imprévus ou de la culture de l'entreprise. Et également parce que le temps de préparation du matin se fait souvent à deux, alors que récupérer Bébé le soir signifie commencer une bonne partie des tâches (bain, repas) avant que le·la coparent·e n'arrive. La répartition « Tu déposes, je récupère » n'est donc pas un partage équitable comme on le présente souvent. Il ne s'agit pas, pour cette tâche ni pour les autres, de prôner un partage strictement égal mais une répartition juste et équitable. Et pour cela, il faut bien comprendre les implications des tâches et leurs répercussions sur la vie de chacun·e.

Pistes pour une juste répartition des tâches

- ☐ Alternez matin et soir dans la semaine entre vous deux, ou une semaine sur deux. À condition, bien sûr, que vos contraintes professionnelles (horaires décalés, transports...) vous le permettent.
- ☐ Vous pouvez aussi vous créer des domaines réservés : « OK, je fais les courses et les repas, mais tu gères le linge et la paperasse nounou. »

Réévaluer votre rapport à l'argent en couple

Au-delà du partage des tâches, l'argent est un sujet important. Le cinquième trimestre est une période idéale pour réévaluer votre budget et repenser vos arbitrages financiers à la lumière des changements qu'apporte l'arrivée de Bébé.

Établir le budget de fonctionnement et d'investissement dans votre couple

Anticiper les nouveaux besoins financiers

Dès les premiers mois avec Bébé, votre budget est considérablement transformé. C'est donc le bon moment pour vous poser et identifier votre nouveau fonctionnement budgétaire. Cela peut inclure :

☐ **les dépenses liées à Bébé** (couches, vêtements, nourriture, matériel de puériculture) ;

☐ **les frais de garde** (nounou, crèche, baby-sitter) ;

☐ **les charges domestiques supplémentaires** (eau, électricité...).

Clarifier l'organisation financière du couple

Une fois que vous avez établi le budget, réfléchissez à la manière de répartir les charges et d'organiser vos finances :

☐ Qui paie quoi ?

☐ Avez-vous besoin d'un compte joint et si oui comment est-il alimenté ? Selon quelles règles ? Sont-elles transparentes et équitables ?

☐ Votre répartition financière actuelle est-elle toujours adaptée à vos besoins et à vos priorités ?

Ces discussions permettent de poser les bases d'une organisation financière transparente et adaptée à cette nouvelle phase de vie.

Valoriser les choix professionnels et leurs conséquences financières

☐ **Reconnaître l'investissement des choix professionnels.** Si tu fais le choix d'un congé parental, d'une diminution de ton temps de travail ou d'un changement professionnel permettant une meilleure flexibilité, il est essentiel de réfléchir aux conséquences financières à court et long terme. Ces décisions, souvent prises pour le bien-être familial, représentent un véritable investissement : le temps que tu consacres à gérer les tâches ménagères, les activités des enfants ou encore les mercredis est un apport concret et mesurable. Si tu n'étais pas en charge de ces responsabilités, il faudrait payer pour les externaliser et cela générerait des coûts.

☐ **Discuter de la reconnaissance de ces ajustements et de leurs conséquences financières.** Ce temps donné a une valeur qu'il est important de reconnaître dans le cadre de discussions avec ton·ta partenaire. Ensemble, vous pourriez aborder des questions telles que : quelle compensation souhaites-tu pour ces efforts ? Quelle épargne commune ou personnelle pouvez-vous mettre en place pour te protéger ? Comment pouvez-vous anticiper les éventuels conséquences financières sur le long terme (retraite, évolution de carrière...) ?

Ces échanges permettent non seulement de clarifier vos attentes, mais aussi de poser les bases d'une organisation financière juste et respectueuse des contributions de chacun·e, qu'elles soient monétaires ou en temps consacré à la famille.

Inventer votre propre modèle

Chaque couple est différent, et il n'existe pas de recette magique pour réussir à faire équipe. Ce qui fonctionne pour certains ne parlera pas forcément à d'autres, et c'est normal. L'important est de prendre en compte ta personnalité, celle de ton·ta partenaire, votre environnement et vos contraintes.
Il est nécessaire de prendre du recul sur les attentes extérieures : celles de la famille, des ami·es ou même de la société sur ce que « devrait » être un couple parental.
Faites-vous confiance pour inventer et assumer votre propre modèle.

> *« Mon mari a pris un congé parental à temps partiel de 6 mois quand j'ai repris le travail à temps plein. On a eu des remarques de certaines personnes de notre entourage mais pour nous, ça a été idéal ! »*

Tips pour une gestion nouvelle de la charge mentale

Nous vous recommandons de prendre un temps dédié tous·tes les deux pour imaginer un nouveau fonctionnement, sans être dans un moment d'action mais de réflexion. Vous pouvez :

☐ **planifier un moment pour discuter de la répartition des tâches** (avec des exemples concrets de ce qui ne fonctionne pas selon chacun·e) ;

☐ **utiliser des outils visuels pour montrer la charge** (comme une liste partagée ou un tableau à cocher) ;

☐ **proposer une période de test pour essayer une nouvelle répartition**, puis ajuster en fonction de ce qui marche ou non.

Accepter que les changements prennent du temps

Il est important de garder en tête que ce processus de rééquilibrage prend du temps. Chaque étape, depuis la prise de conscience jusqu'au passage à l'action, nécessite des ajustements, et rien n'est linéaire. Ne compte pas trop sur un déclic salvateur : il est plus probable qu'il faudra plusieurs conversations, plusieurs tâtonnements, essais, erreurs et ajustements pour mettre en place une organisation plus juste. Tout cela demande donc du temps, de la patience… et de la bonne volonté !

Il est normal de se sentir submergée par moments. Il est également essentiel de discuter régulièrement des frustrations et des besoins de chacun·e pour trouver ensemble des solutions adaptées.

4. S'organiser à deux en faisant équipe

Vous souhaitez mieux répartir la charge mentale et l'organisation de votre foyer. Mais par où commencer ? L'organisation d'une famille avec un jeune enfant ne vient pas avec un mode d'emploi. Nous vous proposons donc une méthode et des exemples pour amorcer la discussion !

Analyser votre liste des tâches

Il est primordial de réaliser un état des lieux. Accordez-vous un moment ensemble pour effectuer ce travail en plusieurs étapes :

1. **Établissez la liste la plus exhaustive possible des tâches qui composent votre quotidien de parent**, y compris celles qui vous semblent les plus banales et les plus insignifiantes (nous vous proposons une liste de base ci-dessous, à vous de la compléter au fil de vos observations quotidiennes) ;

2. **Pour chaque tâche, prenez le temps d'identifier qui est en charge de la réalisation avec un système de pourcentage :** « Les rendez-vous médicaux, c'est 70 % toi et 30 % moi. Les courses, c'est 60 % moi, 40 % toi. » Lorsque vous n'êtes pas d'accord sur un pourcentage, passez en revue vos agendas respectifs et observez l'organisation des deux dernières semaines par exemple ;

3. **Tirez vos premières conclusions :** où en êtes-vous ? Y a-t-il un point de crispation particulièrement fort pour l'un·e de vous ? Quelle est la première action ou modification facile à mettre en place pour y répondre ?

La check-list des tâches parentales

☐ **Les repas :** la planification, les courses, la préparation, la congélation, le repas de Bébé, la vaisselle, la prise de renseignements sur la diversification, la tenue des stocks.

☐ **Le linge et l'intendance :** laver, sécher, plier, ranger, prévoir les tenues de Bébé, anticiper les changements de taille et/ou de saison, remiser ce qui est inutile pour l'instant, trier ce qui doit être vendu ou donné, acheter des vêtements, regarder les apps/annonces d'occasion pour ces achats ou ces reventes.

☐ **La santé de Bébé :** prendre les rendez-vous, s'y rendre, se tenir informé·e du calendrier vaccinal ou de croissance, faire le compte rendu à l'autre parent, faire le suivi (médicament à acheter ou à donner), demander et suivre les remboursements médicaux, gérer les rendez-vous d'urgence sur le temps de travail, poser un congé enfant malade, télétravailler avec Bébé malade, suivre l'évolution des allergies ou des intolérances éventuelles, tenir un carnet ou une application de suivi médical, communiquer les informations de santé au·à la nounou ou à la crèche.

☐ **Le lien social :** envoyer des photos à vos familles respectives, lancer des invitations, organiser des activités, faire des albums photos, organiser des appels avec des proches, planifier des sorties familiales ou des événements (anniversaires, fêtes).

☐ **Le développement moteur, affectif et social de Bébé :** proposer des jeux, acheter des livres, se renseigner sur les exercices de motricité, apprendre à occuper Bébé, chercher des activités en extérieur (parcs, ateliers parent-bébé), suivre les étapes de développement (et consulter si besoin), participer à des groupes d'échange entre parents.

☐ **Le sommeil de Bébé :** gérer l'endormissement, les réveils dans la nuit, le réveil du matin, créer et initier les ajustements à la routine du coucher, vérifier la sécurité et l'évolution des équipements (lit, veilleuse, babyphone...), suivre les changements de rythme (régressions, siestes).

☐ **Le mode de garde :** déposer Bébé, aller chercher Bébé, gérer l'organisation de plusieurs modes de gardes, jongler avec l'organisation de plusieurs enfants, relater la transmission, préparer le sac, préparer les repas, faire les paiements, faire les déclarations administratives (CAF, Pajemploi), tenir à jour les informations de contact du mode de garde, anticiper et gérer les jours de fermeture ou de congé du·de la nounou ou de la crèche, communiquer avec le·la nounou ou la crèche sur l'évolution de Bébé.

☐ **La gestion de la maison :** le ménage, le nettoyage, la recherche, le choix et l'achat du matériel de puériculture, l'aménagement de la chambre, du coin jeu, du coin repas et du coin rangement de Bébé, l'entretien des équipements de puériculture (nettoyage, réparations), l'anticipation des besoins à moyen terme (adaptations à la croissance de Bébé, espaces de rangement supplémentaire), la gestion des abonnements et des utilisations spécifiques (livraisons de couches, lait infantile).

Détricoter le « je m'en charge » et préciser la composition des tâches

Un deuxième exercice consiste à regarder précisément la composition des tâches. Car tu le sais, le diable se cache dans les détails !
En effet, si tu n'as pas la même définition que ton·ta conjoint·e de la tâche « je m'occupe du linge », il y a fort à parier que ce soit une source de tension dans ton couple et que tu tombes facilement dans le « j'irai plus vite si je m'en occupe » (et donc que tu vas charger la mule) ou dans une succession de reproches qui vous crispe tous·tes les deux.

Une méthode aidante consiste à se mettre d'accord une bonne fois pour toutes sur votre définition de « je m'occupe du linge ». Par exemple :

- pour toi, c'est : aller chercher le linge sale dans les chambres, trier le linge, lancer la machine, étendre le linge, le plier et/ou le repasser, le ranger dans les armoires ;
- pour lui·elle, c'est : lancer la machine et étendre le linge.

Être précis·es ensemble sur vos attentes permettra d'amener de la fluidité.

Trouver le bon fonctionnement pour que ce soit fluide

Si ton·ta partenaire et toi avez trouvé une organisation satisfaisante et relativement harmonieuse, c'est une excellente nouvelle ! Mais si les tensions liées à la répartition des tâches et à l'organisation prennent trop de place, pas de panique. Voici quelques conseils pratiques :

- **prendre un temps chaque semaine pour organiser la semaine** à venir en discutant des impératifs, des besoins de chacun·e et des moments à réserver pour le couple ou pour soi-même ;
- **utiliser un agenda partagé**, qu'il soit numérique (applications collaboratives) ou physique (tableau ou planning affiché sur le frigo).

L'expérience de nos ateliers montre que les couples qui prennent ce temps de planification ensemble constatent une réelle différence. Cela devient un automatisme, un peu comme un muscle qu'on entraîne : plus on pratique, plus c'est fluide.

> *« Au début, on se forçait un peu sur l'organisation avec mon conjoint mais on a vite intégré des bonnes habitudes, comme une appli de liste de courses connectée : on l'alimente tous les deux et celui qui va faire les courses n'oubliera rien. »*

Et bien sûr, restez indulgent·es avec vous-mêmes. C'est normal que l'organisation millimétrée ne tienne pas toujours ou ne convienne pas à tout le monde. Il y aura inévitablement des couacs.
Accordez-vous aussi des moments de répit, comme des week-ends ou des vacances sans programme précis. Ces parenthèses permettent de relâcher la pression et d'échapper à ces sentiments de contrainte permanente ou de perte de spontanéité qui pèsent souvent sur les jeunes parents.

Vous alléger le quotidien

Et si on allait regarder les solutions qui existent en dehors du couple que vous formez ?

- **Lâcher sur tes attentes et te « lâcher la grappe ».** Si tu as l'impression d'en avoir trop dans ton assiette (en dehors d'une juste répartition), tu peux peut-être réfléchir à baisser tes critères : ce n'est peut-être pas grave si Bébé mange des petits pots du commerce, si les lits sont changés moins souvent, si c'est le bazar le week-end. Ce n'est pas grave non plus si ton·ta conjoint·e fait les choses à sa manière. Ça ne dit rien de ta qualité de parent !

- **Demander de l'aide :** peut-être que les grands-parents ou le·la parrain·marraine peuvent s'occuper de Bébé le mercredi soir et que ça sera ça la bonne idée de votre organisation !

• **Se faire offrir des services :** plutôt qu'un énième nounours, vous pouvez demander à vos proches des « Bons pour » (bon pour une soirée baby-sitting, bon pour un petit plat, bon pour un plein de courses) ou des cadeaux de Noël ou d'anniversaire centrés sur vos besoins : de l'aide ménagère, un·e nounou de nuit...

• **Faire appel à une aide extérieure pour le ménage ou pour le baby-sitting :** si vous pouvez vous le permettre, c'est un vrai atout lors de cette période. Rappelez-vous que vous bénéficiez de crédits d'impôts sur ces services. N'hésitez pas à vous renseigner.

Moi et mon organi-sation

Le retour au travail bouleverse ton organisation. Avec plus de contraintes et moins de temps disponible, il devient vite difficile de tout faire sans t'oublier en chemin. En jonglant entre le rôle de parent, leur activité professionnelle et les imprévus du quotidien, les jeunes mamans sont nombreuses à avoir le sentiment de courir après les heures. Trouver une organisation sereine et fluide n'a rien d'une recette miracle. Chacune a sa façon de fonctionner, et l'enjeu est de découvrir ce qui marche pour toi.
Cette partie présente des astuces et des méthodes que nous avons expérimentées au fil des années en collaboration avec les mères que nous avons accompagnées. Elles t'aideront à créer ta boîte à outils sur-mesure afin de :

- **structurer ton temps :** planifier pour te libérer de l'espace mental, mieux anticiper pour assumer au mieux tes responsabilités ;

- **gérer les priorités et les imprévus :** différencier l'essentiel du superflu pour éviter la surcharge et être à même de poser tes limites ;

- **trouver ton propre rythme :** identifier et respecter ton fonctionnement personnel pour allier efficacité et bien-être ;

- **mobiliser des ressources extérieures :** partager les responsabilités et construire ton « grand village » pour alléger ta charge mentale et te sentir soutenue.

Chacune de ces stratégies sera détaillée concrètement pour que tu puisses tester ce qui te correspond et affiner ton organisation. Que tu sois adepte des listes, des plannings rigoureux ou d'une approche plus intuitive, c'est en expérimentant que tu construiras l'organisation qui te convient.
La lecture de cette partie peut être partagée avec ton·ta partenaire pour nourrir vos échanges et élaborer ensemble une organisation familiale adaptée à vos besoins.
Organiser ta vie n'est pas une contrainte supplémentaire, mais un acte pour prendre soin de toi, car cela permet de mieux profiter de chaque moment, alors autant y réfléchir à deux ! Et surtout, garde à l'esprit que tout est ajustable.

1. Planifier pour reprendre le contrôle de mon temps

Cela peut paraître contre-intuitif mais consacrer du temps à t'organiser va t'aider à en gagner ! Commence par choisir un ou des outils qui fonctionnent pour toi : appli de prise de notes de ton téléphone, carnet, agenda partagé avec le bureau et avec ton·ta conjoint·e… Et dédie un moment tous les jours ou une fois par semaine à ton organisation pro et perso. Voyons ensemble quelques outils et méthodes pour t'aider à planifier.

S'organiser avec la méthode du « time boxing »

La méthode du time boxing consiste à allouer une durée et un moment précis à chaque tâche. Par exemple, plutôt que de noter dans ta to-do list « Dossier X », tu vas décider « Je travaille sur le dossier X de 10 heures à 11 heures jeudi » et l'inscrire tel quel dans ton agenda. Ainsi, ta to-do list n'est plus un monstre qui vit sa vie parallèle mais elle s'incarne dans ton temps réel ! Chaque tâche va être planifiée de façon réaliste en fonction de ce que tu peux vraisemblablement accomplir en une journée.

Pour qu'elle soit optimale, cette technique suppose plusieurs prérequis :

- bien mesurer le temps dont tu disposes ;
- avoir une idée juste de ta capacité de production selon les tâches et les moments (par exemple, sachant qu'en fin de journée tu es épuisée et tu surveilles l'heure pour partir à la crèche

récupérer Bébé, il n'est sans doute pas pertinent de t'occuper à ce moment-là du planning stratégique, qui nécessite créativité et réflexion) ;

- anticiper et intégrer qu'il peut y avoir des imprévus... ;
- anticiper et intégrer les temps de repos et de tampon.

Il ne s'agit pas de tout minuter et de s'auto-flageller si ça bouge, vois cet exercice comme un fil d'Ariane pour rectifier le tir si besoin. Au fil des jours et des semaines, tu vas probablement identifier les fois où tu ne prévois pas assez de temps pour telle réunion ou quand tu sous-estimes les imprévus liés à Bébé le matin ou aux changements d'agenda de la veille au soir avec ton·ta partenaire...

Différencier le temps visible et le temps invisible

Tu dois avoir une vue exhaustive et réaliste du temps pour bien le planifier. Il est important de lister toutes les tâches visibles (assister à telle réunion, déposer Bébé à la crèche) et invisibles (le temps de réflexion pour un dossier, les temps de transport). Si tu as l'impression à la fin de la journée que tu en as prévu trop, pose-toi la question de ce que tu as « mal » estimé afin d'ajuster le lendemain. C'est normal de tâtonner.

Par exemple, la réunion du mardi que tu notes dans ton agenda de 10 à 12 heures te prend en réalité plus de temps. Il y a en plus le temps de préparation, de transport, d'échange informel avec les collègues, de lister dans ton agenda les tâches évoquées lors de la réunion, de souffler 5 minutes avant d'enchaîner.

Dans ce cas, le temps à bloquer dans ton agenda pour cette réunion serait plutôt de 9 h 30 à 12 h 45. Ces précieuses minutes supplémentaires changent tout à la fin de la journée !

Cela diminue les risques de surcharger tes journées et d'avoir cette impression que tu ne vois pas où le temps a filé (et donc que tu te débrouillerais mal).

Créer une to-do list efficace

Une to-do list bien faite ne se limite pas à énumérer des tâches à accomplir, elle les hiérarchise. Tu peux utiliser des codes cou-

leurs ou des symboles pour distinguer les tâches selon leur degré d'urgence, d'importance, de temps d'exécution... Pour les plus longues, tu peux les fractionner en de plus petites tâches et les transposer ainsi dans ta liste.
Tu as 10-15 minutes devant toi ? Tu peux piocher en un coup d'œil parmi les tâches éclairs que tu auras identifiées au préalable.
Tu as des « temps morts » type transport ? Tu peux piocher dans les tâches « légères » : répondre aux e-mails en souffrance, mettre à jour ton agenda, prendre un rendez-vous sur Doctolib...
Une autre façon de tenir une to-do list à ton service et de ne pas en être esclave, c'est d'inscrire des tâches claires, précises, datées dans le temps. La tâche « Rapport X » devient « Rédiger un premier jet du rapport X à envoyer à relecture avant le 14 », que tu fractionnes en tâches réelles.
Enfin, la to-do list efficace est celle qui change sans cesse. Prends 5 minutes avant de boucler ta journée pour garder ta liste à jour : raie les tâches effectuées (petit kiff !), reporte les tâches restantes, réévalue les priorités.

Planifier selon ton fonctionnement personnel

On gagne en efficacité en respectant son temps physiologique et sa façon de fonctionner. Tu es plutôt du matin car c'est le moment où tu as l'esprit clair ? Tu as une baisse d'énergie après le déjeuner et tu n'es bonne qu'à faire des tâches automatiques ? Tu as besoin d'un temps de chauffe avant d'entrer dans certains sujets ou d'effectuer certaines tâches ?
Tu peux essayer de fonctionner par routines et par blocs : un bloc au début et/ou à la fin de chaque demi-journée pour checker tes e-mails (tu restes joignable mais sans être sujette aux interruptions), un bloc pour le travail de fond, un bloc chaque dernier vendredi du mois pour Pajemploi et la paperasse concernant la nounou en général... Cela te permet de gagner une continuité mentale et de préserver tes capacités de concentration.
Tu peux également garder des créneaux libres dans ton planning pour les imprévus. Par exemple, si tu sais que la fin de journée est souvent pleine d'imprévus, réserve ces moments pour des tâches plus flexibles qui peuvent être facilement déplacées ou ajustées.

2. Prioriser et poser mes limites pour ne pas me laisser submerger

La vie de jeunes parents est une succession d'imprévus : urgence médicale, contretemps de dernière minute au travail, situation inattendue avec Bébé… Apprendre à gérer ces imprévus est essentiel pour éviter de te laisser submerger.
Il ne s'agit pas de tout prévoir, mais de créer des mécanismes et une organisation qui te permettent de réagir plus sereinement, en distinguant vraies et fausses urgences. Voyons ensemble les outils pour t'y aider.

L'hypervigilance, une caractéristique du jeune parent

Depuis que tu es parent, tu as peut-être l'impression d'être toujours sur le qui-vive, prête à intervenir dès qu'un problème se présente. C'est ce qu'on appelle un état d'hypervigilance. Il est propre au cinquième trimestre car on te demande de l'attention et des actions dans différents domaines, tous aussi importants les uns que les autres à tes yeux, de « je suis en charge du bien-être et de la sécurité de Bébé » à « je dois absolument faire mes preuves au bureau ».
C'est une situation inhérente à la période qui est inconfortable et vient puiser dans tes ressources. Et ce n'est qu'avec le temps et l'expérience que tu pourras faire baisser ton niveau de stress : le premier appel de la crèche est angoissant, mais au quatrième tu auras appris comment faire et mis en place des mécanismes pour y répondre.

Si tu sens cependant que ce sentiment d'être débordée perdure, que le moindre imprévu te fait basculer dans l'angoisse avec une difficulté à rebondir, c'est sans doute que tu as besoin de repos et d'accompagnement. Cette vigilance constante peut en effet devenir épuisante et affecter ta santé mentale et physique.

Prioriser avec la matrice d'Eisenhower (urgent/important)

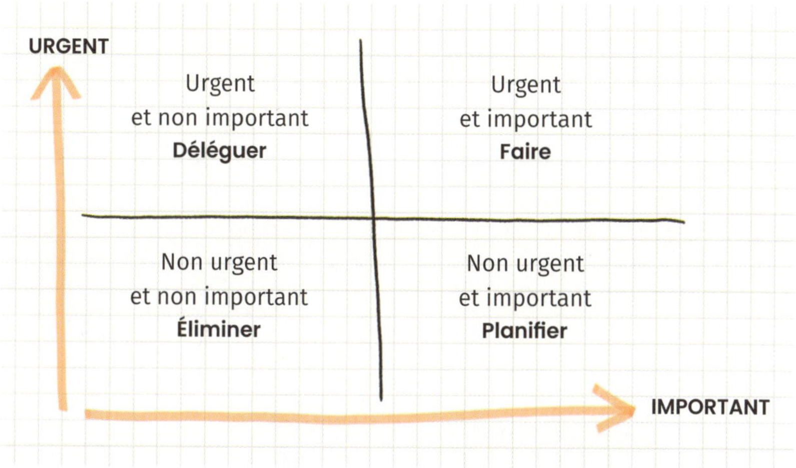

La matrice d'Eisenhower est un outil qui aide à faire la distinction entre les tâches à faire immédiatement et celles qui peuvent attendre ou être déléguées. Elle va aussi t'aider à faire le tri dans les différentes demandes entrantes (des collègues ou de la famille !).
Détermine à laquelle des quatre catégories appartient chaque tâche entrante en fonction de son degré d'urgence et d'importance :

- **urgent et important, à traiter immédiatement :** « Je finalise le déroulé de l'événement de la semaine prochaine dont j'ai la charge » ;

- **important mais non urgent, à planifier pour plus tard :** « On a parlé des vacances de printemps avec ma sœur hier, je prévois de réserver le gîte dans 2 mois » ;

- **urgent mais non important, à déléguer si possible ;** « Suite au SMS de l'école, je peux demander au·à la nounou de préparer le sac de sport de mon aîné·e pour demain » ;
- **ni urgent ni important, à éliminer ou à minimiser :** « L'e-mail non lu qui traîne dans ma boîte e-mail depuis 3 semaines ? Pas grave, je choisis de ne pas m'en occuper. » Tu verras, tu te sentiras soulagée de supprimer consciemment des tâches de ta to-do list et de ne plus en porter la culpabilité ou la charge mentale !

Apprendre à dire non et à poser tes limites

« Je crois que ce qui a été le plus difficile à la reprise du travail, c'est d'admettre qu'avoir un enfant apportait forcément des contraintes en termes de gestion du temps, d'organisation professionnelle. Que non je ne pouvais plus travailler dix heures par jour et que c'était normal et surtout pas grave. Je culpabilisais de ne plus travailler autant qu'avant.

Maintenant, après deux grossesses et deux retours de congé maternité, je peux dire que j'ai appris à être plus efficace au travail pour faire autant en moins de temps. Et j'ai surtout compris que je n'avais pas à ressentir de la culpabilité à ne pas pouvoir ou vouloir être corvéable à merci. »

Il est essentiel de reconnaître tes limites et d'apprendre à dire non quand c'est nécessaire. Par exemple, tu peux refuser poliment une réunion qui n'apporte pas de réelle valeur ajoutée, surtout si cela empiète sur ton temps de travail productif, au risque de te retrouver dans le rouge pour rendre ce dossier urgent ou te mettre en retard pour la crèche.
Poser des limites, c'est un acte de respect envers toi-même : cela te permet de rester concentrée sur ce qui est vraiment important pour toi. Pour y parvenir, pense toujours à ce qui est prioritaire pour toi et n'hésite pas à décliner les demandes qui ne correspondent pas à tes objectifs ou à ton bien-être.

C'est quoi, un « bon non » ?

☐ **Un bon non est direct, mais courtois. Exprime ton refus avec des phrases simples et claires :** « Merci pour l'invitation, mais je ne peux pas participer cette fois-ci. » Tu peux pratiquer cette méthode avec des sujets à petits enjeux, si cela te met mal à l'aise. Plus tu t'exerceras à dire non, plus cela deviendra naturel.

☐ **Explique fermement ton refus sans te justifier pour que ton interlocuteur·trice sache qu'il n'y a rien de personnel :** « Je suis très occupée en cette période de reprise et j'ai d'autres priorités en ce moment. »

☐ **Si tu souhaites rester collaborative, tu peux proposer une option :** « Je ne peux pas assister à la réunion, mais je suis disponible pour discuter par téléphone, échanger par e-mail ou lire le compte rendu après la réunion. »

☐ **Tu n'es pas sûre de toi ou tu es prise au dépourvu ? Suspens tes réponses. Récupère le pouvoir sur ton temps :** « C'est très clair, j'ai toutes les informations. Je dois d'abord consulter mon agenda et mes autres engagements. Laisse-moi y réfléchir, je reviens rapidement vers toi avec une réponse. »

Des pistes concrètes pour les imprévus et les vraies urgences bébé

- **Utiliser la méthode du 80/20.** Organise tes journées en laissant toujours 20 % du temps non affecté. De cette façon, tu auras de la souplesse pour compenser ta baisse de productivité ou absorber la réunion qui déborde, sans te mettre dans le rouge.

- **Mettre en place un système de binôme au bureau.** Sur les dossiers où des échéances sont à respecter, cela permet que tout ne repose pas sur toi si tu dois t'absenter.

- **Recourir au télétravail ou adapter tes horaires** si ton environnement de travail le permet. Cela te donnera plus de flexibilité pour mieux gérer ton quotidien.

- **Anticiper.** Pour éviter de t'ajouter les imprévus inutiles comme l'achat de couches en urgence par exemple, mets en place un système de commande et de stockage par grandes quantités : un abonnement à une marque de couches, une virée pharmacie tous les deux mois pour du doliprane...

- **Prévoir un peu plus large aux moments critiques de la journée.** Le matin et le soir sont les moments les plus délicats, où les imprévus surviennent le plus. Une couche à changer à la dernière minute, un vomito alors qu'on entre dans l'ascenseur ou encore un embouteillage inattendu peuvent vite bouleverser ta routine.

- **Prévoir une liste de contacts « filet de sécurité »**, que ce soit pour récupérer Bébé à la crèche ou pour gérer une urgence médicale. Cela peut inclure un·e voisin·e de confiance, un·e parent·e proche. Discutes-en avec eux·elles au préalable pour qu'ils·elles soient au courant, prêt·es (et consentant·es !) et opérationnel·les, et communique-leur également les informations essentielles (numéro du·de la pédiatre, de la crèche ou du·de la nounou).

- **Mettre en place une garde d'urgence.** Certaines plateformes permettent de trouver rapidement une solution de garde ponctuelle si le·la nounou de Bébé est malade ou si la crèche est fermée. Prévois également un plan de secours avec des ami·es ou des membres de la famille qui pourraient intervenir à la dernière minute.

- **Avoir un kit prêt pour Bébé pour les urgences médicales.** Il est utile d'avoir un sac ou un kit prêt avec les affaires nécessaires pour Bébé (couches, vêtements de rechange, médicaments de base...), afin de gagner du temps et d'éviter de paniquer en cherchant tout au dernier moment.

- **Vérifier les congés auxquels tu as droit pour t'occuper de ton enfant malade** et discuter avec ton employeur·euse de la manière dont tu peux les utiliser en cas d'urgence (et de même pour ton·ta partenaire).

- **Discuter avec ton·ta coparent·e des règles pour gérer les urgences de Bébé.** L'objectif est d'éviter que ce soit toujours la même personne qui soit sur le pont.

3. Gagner en efficacité et contrebalancer le « mommy brain »

La période du retour de congé maternité peut donner le sentiment d'être dans un brouillard permanent et dans une succession de tâches sans fin. Cela peut vite devenir épuisant, moralement et physiquement ! Nous te proposons ici quelques outils et méthodes pour relâcher la pression, remettre de la clarté et de l'efficacité dans ton quotidien de jeune maman.

LE « MOMMY BRAIN », UNE RÉALITÉ PHYSIOLOGIQUE

Chercher désespérément tes clés avant de t'apercevoir qu'elles étaient dans ton sac, relire 10 fois l'introduction de ton rapport car tu n'intègres pas les informations, ça te parle ? Si oui, pas de panique : c'est ce qu'on appelle le « mommy brain » !
À la naissance de leur enfant, le cerveau des femmes se modifie pour qu'elles soient en capacité de comprendre un bébé qui n'a pas la parole et dont les soins quotidiens sont nécessaires à sa survie. Des nouvelles connexions neuronales se créent, permettant ce lien à Bébé, mais, au passage, d'autres connexions sont inhibées.
Il est donc normal que tu mettes du temps à retrouver certains réflexes. 80 % des nouvelles mamans évoquent des troubles de mémoire ou de concentration, qui peuvent s'expliquer par cette réalité physiologique.

Gérer les distractions, un essentiel

Tu peux par exemple :

- désactiver les notifications non urgentes pendant les heures de travail ;
- changer ton statut sur l'agenda partagé pour notifier à tes collègues que tu n'es pas disponible jusqu'à telle heure ;
- choisir des lieux et des moments de la journée où tu es le moins susceptible d'être interrompue pour effectuer les tâches qui te demandent de la concentration ;
- investir dans un casque antibruit ;
- bloquer des créneaux dans ton agenda pour les tâches de fond ;
- te créer un deuxième cerveau : appuie-toi sur des outils comme des routines et des rappels automatiques pour vider ta disquette mentale ;
- te concentrer sur les tâches à valeur ajoutée : dédie du temps aux tâches qui sont importantes pour toi et automatise au maximum toutes les autres (crée une liste type sur une appli de courses en drive, abonne-toi à une marque de couches...).

Préserver ta capacité de concentration grâce à la méthode Pomodoro

La méthode Pomodoro consiste à travailler par intervalles de 25 minutes, suivis d'une courte pause de 5 minutes. Elle va t'aider à maintenir une haute concentration et à éviter la fatigue mentale. Après quatre intervalles, prends une pause plus longue de 15-30 minutes, et ainsi de suite.
N'attends pas de saturer pour prendre une pause : elle fonctionne mieux quand elle reste préventive. Au moment où ton minuteur sonne, tu ressens que tu peux encore tirer un peu ? Prends tout de même ta pause et donne une chance à la méthode durant quelques jours pour voir si cela change les choses pour toi.

T'autoriser des pauses

Le fait de t'autoriser des pauses te paraît peut-être évident, pourtant nous savons d'expérience que c'est précisément ce qui va passer à la trappe quand tu planifies ta journée, avec des pensées du type : « Ce n'est pas si grave après tout, je peux tenir. »
Tu crois sans doute que tu peux tirer encore 15 minutes jusqu'au lancement de la prochaine réunion en visio. Tu pourrais, bien entendu, tu en as la capacité. Mais à quel prix à terme ?
Boire un verre d'eau, respirer de l'air frais, te secouer de la tête aux pieds (oui, c'est un peu saugrenu alors choisis un endroit discret !) sont essentiels...
Pour recharger tes batteries ou surmonter une montée de stress, voici quelques conseils pratiques pour des pauses régénérantes qui aident à équilibrer ton système nerveux en quelques minutes tout au long de la journée.

Idées de pauses

- ☐ **Se secouer tout le corps :** debout, secoue doucement chaque partie de ton corps comme si tu voulais te débarrasser d'une couche de poussière. D'abord, les mains, puis les bras, les jambes, le torse et la tête. Cela aide à relâcher les tensions accumulées et stimule la circulation.
- ☐ **Pratiquer la respiration profonde :** prends quelques respirations profondes et lentes. Inspire par le nez en gonflant le ventre, puis expire lentement par la bouche. Cela aide à calmer le système nerveux parasympathique.
- ☐ **Faire quelques étirements doux :** lève les bras au-dessus de la tête, touche tes orteils ou fais des torsions de buste doucement. Cela détend les muscles et réduit le stress.
- ☐ **Faire une courte promenade,** de préférence dans la nature ou dans un espace vert, en tout cas à l'air libre. Cela aide à changer d'air et à se recentrer.
- ☐ **Faire un massage des points d'acupression,** comme les tempes ou les poignets. Cela permet de réduire le stress et de relâcher les tensions.

Rester vigilante sur le « multitasking »

Le multitasking, c'est-à-dire le fait d'accomplir plusieurs tâches en même temps, prend de plus en plus de place dans ton quotidien car c'est le propre du cinquième trimestre : tu gères du pro sur le temps perso et inversement. Dans notre société, on le valorise, même ! Tu n'as jamais entendu cette expression dépassée qui dit qu'une « vraie » maman/femme sait faire plusieurs choses à la fois ?

Le multitasking est pourtant parfois contreproductif. Car cela oblige ton cerveau à sans cesse basculer d'une tâche à l'autre, ce qui perturbe ta capacité de concentration et augmente ton niveau de stress. Outre la fatigue mentale, cela peut accroître le sentiment de n'être jamais dans le présent avec un sentiment d'absence, de culpabilité et de perte du sens de la réalité : répondre à un e-mail pendant le bain de Bébé, prendre rendez-vous avec le·la pédiatre pendant la réunion d'équipe...

Loin de nous l'idée de le diaboliser, nous savons que cela permet parfois de mettre un peu d'huile dans les rouages, et tant mieux. Nous t'invitons cependant à rester vigilante pour l'utiliser à bon escient et ne pas le subir ou tomber dans un mode automatique par défaut.

4. Mobiliser mon grand village pour être soutenue et accompagnée

Dans un temps limité et contraint, on a parfois tendance à aller vers une organisation « à l'os » en ne laissant que ce qui semble obligatoire. Cela amène à privilégier des pauses déjeuner rapides pour gagner du temps et partir plus tôt, à refuser des invitations qui semblent compliquées à honorer sur un plan logistique…
Cela peut créer un sentiment d'isolement, de manque de lien, que ce soit avec tes collègues ou tes ami·es proches. Et c'est dommage car cette période intense est justement celle où tu as besoin de soutien et d'espace pour exprimer et partager tes émotions ou tes réflexions.
Voici quelques outils et postures pour ne pas rester seule et demander de l'aide !

Mon grand village, sur qui compter

« Dans ma culture, cela fait partie de la tradition que la jeune maman soit aidée et soutenue par sa famille (tantes, cousins, parents…). Pendant les premiers mois de mon bébé, je n'ai eu à gérer aucun repas ni ménage. Cette transition m'a énormément aidée à bien vivre cette période. Je n'étais pas seule et perdue, mais entourée, choyée. »

« Il faut tout un village pour élever un enfant », selon un proverbe africain. Notre société individualiste et très centrée sur la famille nucléaire nous fait oublier cette réalité, or avoir un réseau solide, c'est te donner la possibilité d'être plus flexible, de réduire le stress et de te sentir moins isolée.
Quelques pistes pour créer ton village :

• **famille :** parents, frères et sœurs, cousin·es peuvent te relayer pour t'accorder un peu de répit ou en cas d'imprévus. Même si la famille n'est pas toujours à proximité, elle reste une ressource précieuse à activer à certains moments ;

• **ami·es proches :** avoir un·e ou deux ami·es proches à qui tu peux confier Bébé en cas de besoin ou avec qui échanger au quotidien permet d'évacuer le trop-plein émotionnel ;

• **voisin·es :** il est parfois surprenant de découvrir que des voisin·es peuvent se montrer d'un grand soutien. Oser leur demander de l'aide, même ponctuelle, peut t'alléger, que ce soit pour garder Bébé ou te prêter un coup de main dans l'urgence (accueillir une livraison, ouvrir au·à la plombier·ère…) ;

• **parents d'enfants de la crèche ou de l'école :** tisser des liens avec les autres parents peut aussi créer une entraide bienveillante. Un simple message pour te remplacer à la sortie de l'école ou pour un dépannage en fin de journée peut sauver une situation compliquée ;

• **services de garde d'urgence :** certains réseaux ou applications de garde d'enfants proposent des solutions ponctuelles et d'urgence. Avoir ces contacts à disposition peut grandement te soulager en cas de besoin ;

• **associations ou réseaux de parents de quartier :** cela peut être un vrai atout pour partager des astuces, des conseils, des recos de pro, ou obtenir du soutien en cas d'urgence. Rejoins un groupe WhatsApp ou Facebook, ou un groupe de l'association Le Club Poussette.

Savoir demander et recevoir de l'aide

LE MYTHE DE LA « WONDER WOMAN »

Le modèle de la wonder woman, tu le vois inonder les réseaux sociaux et tu as certainement ressenti une forme de pression en tant que jeune maman à « devoir tout assurer », sans te plaindre et sans rencontrer de difficultés.
Les comptes Instagram peuvent fournir des astuces, mais il est crucial de comprendre que derrière les photos parfaites la réalité est bien plus nuancée. La comparaison n'apporte bien souvent que de la frustration et de la culpabilité, même si tu sais rationnellement que ce n'est pas la réalité. Fais de l'espace à ton propre ressenti pour ne pas faire tien ces petits sentiment de gêne ou d'échec que ces images sont susceptibles de te laisser.

Et si on sortait du syndrome de la « wonder woman » ? Non, ça n'est pas tous les jours facile, non, tu n'es pas parfaite, et, oui, pouvoir souffler de temps en temps te ferait du bien. Cela ne signifie absolument pas que tu es une mauvaise mère ou que tu n'es pas à la hauteur ! Il est important aussi d'apprendre à demander un coup de main.

- **Faire participer les plus grand·es.** Si tu as des plus grand·es ou des beaux-enfants, c'est peut-être l'occasion de réviser ton organisation familiale : les ados peuvent tout à fait gérer un repas simple, les plus petit·es mettre la table...

- **Formuler explicitement.** Personne ne peut savoir à ta place de quoi tu as besoin. Plutôt que de te sentir mise de côté ou frustrée, prends les devants.

- **Accepter que rendre service rend heureux.** Plutôt que de te sentir gênée de demander, rappelle-toi que, fondamentalement, tes proches vont se sentir honoré·es et touché·es de pouvoir te donner un coup de main (bien sûr, dans une relation épanouie !).

Si ton amie Stéphanie est OK pour s'occuper de Bébé deux samedis d'affilée pour te permettre de souffler et de dormir, c'est un bonus pour toi et une façon pour elle de manifester son amitié sur un sujet important pour toi.

• **Identifier la bonne personne pour le bon besoin.** Tu peux commencer par établir la liste des personnes qui t'entourent qui pourraient répondre à tes différents besoins. Samira te fait rire ? Damien est toujours dispo pour ranger ou nettoyer ?

Garder le lien avec tes ami·es

Même si tu vois tes ami·es moins souvent qu'avant, maintenir un lien social est vital. Pas seulement pour le plaisir d'être ensemble mais aussi pour l'effet miroir et le lien à toi-même que cela permet : tu prends conscience des choses en les partageant. Ces moments sont si précieux pour décharger, prendre du recul et du plaisir, fais-toi ce cadeau ! Mais comment faire quand ton agenda déborde déjà ?

• **Adopter les audios.** Pratique quand il est difficile de maintenir une conversation suivie à cause des sollicitations de Bébé ou de trouver du temps pour se voir.

• **Se fixer des rendez-vous téléphoniques.** C'est moins spontané mais ça te permettra de ne pas louper le coche et de garder le lien, voire d'éprouver du plaisir en anticipation de ce moment.

• **Désacraliser les moments passés ensemble.** Oui, tu aurais sans doute préféré pouvoir papoter des heures à la terrasse d'un café, mais si ton amie Jessica vient passer chez toi les deux heures du soir sur le créneau bain-repas de Bébé, ce sera déjà une bonne façon de remplir ton réservoir de bien-être. Tu peux le verbaliser ainsi : « Je sais que ce n'est pas idéal et que je ne serai pas à 100 % disponible, mais ça me ferait vraiment plaisir de te voir. »

Conclusion

Une page qui se tourne, un nouveau chapitre qui commence

Ce livre a été écrit pour toi, avec le souhait sincère de t'accompagner dans cette période si particulière qu'est le retour au travail après un congé maternité. Nous espérons que ces pages t'ont apporté des clés, des perspectives et, surtout, la sensation d'être comprise et soutenue dans ton quotidien. Chaque chemin est unique, tout comme chaque parent, chaque couple et chaque famille. Trouver ton équilibre demande du temps et des ajustements. Mais garde précieusement à l'esprit que tu as en toi les ressources nécessaires pour faire face aux défis du cinquième trimestre.

Et après ? Dans les mois qui viennent, tu vas encore évoluer, gagner en confiance, ajuster tes choix. Ce qui te semble aujourd'hui fragile ou incertain trouvera, avec le temps, sa place et son rythme. Certaines périodes seront plus faciles que d'autres, mais souviens-toi : tu n'as pas à tout porter seule.

La puissance de la sororité

Le chemin intense et bouleversant de la maternité est un terrain fertile pour la sororité. Depuis la création d'Issence, nous avons eu le privilège d'être témoins de cette magie qui se crée quand les femmes se parlent. Elles s'écoutent vraiment, se rassurent mutuellement et s'entraident. Partager ses questionnements en assumant sa vulnérabilité devient alors un acte profondément libérateur et fédérateur.

Au-delà de cette sororité de l'intime, l'expérience de la maternité nourrit les élans féministes en chacune de nous. Les inégalités, les injonctions pesant sur les femmes et les mères, les défis du couple et le poids du patriarcat deviennent plus visibles et souvent plus insupportables. Nous espérons que ce livre t'aidera à transformer ces constats en force, à réaffirmer tes choix et à faire entendre ta voix, pour ton intérêt individuel et pour le collectif.

Un espace pour prolonger l'expérience

Sache que nous sommes là pour toi si tu souhaites aller plus loin. Tu peux nous retrouver sur notre site Issence, où tu trouveras des informations et des conseils supplémentaires, des ateliers en ligne dédiés aux jeunes mères et des événements inspirants. Ce livre s'intègre à tout un univers que nous construisons pour réfléchir au cinquième trimestre et t'entourer d'un véritable « village ».

Si ce livre t'a touchée, nous t'invitons à le partager : parles-en autour de toi. Offre-le ou prête-le pour qu'il trouve son chemin auprès de celles qui, comme toi, méritent d'être soutenues et guidées.

Enfin, nous serions honorées que tu partages ton expérience et ton ressenti avec nous : nous lirons tes mots avec attention et gratitude. Ce sont eux qui nous permettent d'apprendre, d'évoluer et de continuer à soutenir d'autres femmes, tout en contribuant à faire évoluer notre société.

Nous te souhaitons une belle reprise et, plus encore, une belle transition vers cette nouvelle phase de ta vie. À bientôt et bonne route !

Le guide des ressources par thème

Puériculture et développement de Bébé

- Le site Naître et grandir, qui présente des idées d'activités avec Bébé : https://naitreetgrandir.com/fr/
- La plateforme Éveil et Conseil pour accompagner le développement de Bébé mois par mois : https://www.eveiletconseil.fr/
- La plateforme May pour obtenir des réponses aux questions sur la santé de Bébé : https://www.may.app/blog/
- Le site de l'Association française des consultants en lactation pour se faire accompagner sur la poursuite ou l'arrêt de l'allaitement au travail : https://www.consultants-lactation.org/
- Isabelle Cantarero, *50 listes pour mamans débordées – Sac à langer, piscine, rentrée des classes... Devenez une pro de l'organisation !*, Paris, Leduc, 2012.

La garde de Bébé

- Le guide pratique Issence pour choisir un mode de garde (tableau comparatif, questions à poser, financements possibles) :

- La plateforme WePartum pour trouver un mode de garde : https://www.wepartum.fr/
- Le site Mon enfant.fr pour se renseigner sur les modes de garde autour de chez soi : https://monenfant.fr/
- Le site de la CAF pour faire la simulation sur les aides possibles.

Être père

- Cédric Rostein (illustrations de Cévany), *Papa Sapiens – Histoire des pères à travers les âges*, Paris, Le Courrier du livre, 2024.
- Stéphane Jourdain, Guillaume Daudin et Antoine Grimée, *L'Arnaque des nouveaux pères – Enquête sur une révolution manquée*, Grenoble, Glénat, 2024.
- Le podcast « Histoire de darons », de Fabrice Florent : https://podcasts.fabflorent.com/fabrice-florent-histoires-de-darons

Connaître ses droits

- Le guide pratique Issence pour connaître ses droits au retour quel que soit son statut (salariée, fonctionnaire, indépendante) :
- Service-public.fr, le site de référence le plus à jour sur tes droits en fonction de ta situation. Tu y trouveras également des modèles de lettres pour tes démarches administratives. Pratique ! www.service-public.fr/
- Les notes juridiques des centres de gestion si tu es fonctionnaire.
- Le compte Instagram @droitsdeparents

Empowerment au féminin, comprendre le plafond de verre, négocier et booster sa carrière, se défendre

- Yvonne Knibiehler, *Questions pour les mères*, Toulouse, éditions Érès, 2014.
- Mona Cholet, *Résister à la culpabilisation – Sur quelques empêchements d'exister*, Paris, La Découverte, 2024.
- Insaff El Hassini et Héloïse Bolle, *Aux thunes, citoyennes ! – Au travail et à la maison, prenez le pouvoir sur votre argent*, Paris, Alisio, 2023.
- Clara Moley, *Les Règles du jeu – Ce que toutes les femmes devraient savoir pour réussir au travail*, Malakoff, Dunod, 2020.
- Élise Fabing, *Manuel contre le harcèlement au travail – L'avocate qui donne ses conseils sur les comptes #balance*, Vanves, Hachette Pratique, 2021.
- Lucille Quillet, *Devenir badass au travail – Le guide ultime pour en finir avec le syndrome de l'impostrice*, Paris, éditions Diateino, 2023.
- Lucille Quillet, *Le prix à payer – Ce que le couple hétéro coûte aux femmes*, Paris, Les liens qui libèrent, 2021.
- Le podcast « Ma juste Valeur », d'Insaff El Hassini : https://majustevaleur.com/

Être et devenir parent, prendre confiance dans son rôle de parent

- Céline Chadelat, *Les Incroyables pouvoirs de la parentalité*, Paris, Presses du Châtelet, 2024.
- Maëlys Le Levreur, *Vous êtes déjà le parent idéal ! – Mille et une astuces pour vous faire confiance*, Genève, Jouvence, 2022.
- Cécile Doherty-Bigara, *Nouvelle Mère – Un témoignage libérateur et féministe sur la maternité*, Paris, Leduc, 2020.

- Le podcast « La Matrescence », de Clémentine Sarlat : https://lamatrescence.fr/
- Le documentaire en quatre volets *Big Bang Baby*, d'Ève Simonet.
- L'association Maman Blues : https://www.maman-blues.fr/

Le couple : se comprendre, s'entraider, surmonter les difficultés

- Anna Roy (avec la collaboration de Caroline Michel), *Baby clash – Devenir parents sans s'étriper !*, Paris, Larousse, 2024.
- Camille Rochet, *Être un couple épanoui – Ma boîte à idées pour (re)construire sa vie à deux*, Malakoff, Dunod, 2024.
- Aline Nativel Id Hammou (en collaboration avec Pauline Verduzier), *Notre famille et nous deux – Prendre soin de son couple du baby clash à l'adolescence*, Paris, Mango éditions, 2024.

Remerciements

Merci à Laurent, mon pilier, pour ton amour et ton soutien. En tant que membre émérite du board et bien plus encore, tu me donnes des ailes et ancres mes racines.
Merci à mes parents et à mon frère, pour l'amour que je reçois et votre soutien féministe de la première heure.
Merci à ma grande famille pour la toile d'affection que nous avons tissée, tous ensemble, et qui compte beaucoup pour moi.
Merci à mes amies incroyables, pour nos discussions, nos fous rires, notre lien indéfectible et vos histoires qui ont nourri ma réflexion pour ce livre.
Et enfin, merci à Isma pour cette incroyable aventure, binôme for ever.

Clémence

Ce livre clôt tant de chapitres de ma vie. J'en suis profondément émue et reconnaissante.
Une pensée pour Yanis, mon rayon de soleil, qui donne sens à tout.
À ma famille chérie, qui m'entoure d'un amour et d'un soutien inconditionnels, notamment à ma mère qui en est le pilier. J'ai une pensée particulière pour ma Nana adorée, dont la douceur et la force continuent de m'accompagner.
Je suis bénie d'avoir tissé des liens si beaux avec des femmes extraordinaires : ma grand-mère, ma mère, mes sœurs et mes amies. Être ensemble, c'est prendre conscience de la manière singulière dont nous habitons le monde en tant que femmes.
Merci à Clémence. Je ne pouvais rêver meilleur binôme pour une telle aventure.
Enfin, merci à toutes celles qui m'ont ouvert leur cœur. Vos récits m'ont profondément marquée, ils ont donné vie à ce livre et semé de nouvelles graines...

Isma

Merci à toutes les femmes rencontrées sur notre chemin, notamment dans nos ateliers, pour leur confiance lorsqu'elles nous ont livré leur histoire. Ce livre est pour elles.

Un immense merci pour leur regard précieux à l'ensemble des professionnel·les avec qui nous avons eu le plaisir d'échanger sur nos pratiques au fil des années. Particulièrement à :

- Marine Alari, fondatrice de Le Kocon, réseau de coworking crèches
- Dr Marion Bazile, médecin généraliste
- Gaëlle Brouat, fondatrice de L'Escale, bilans de compétences
- Virginie Cadillon, apprentie naturopathe
- Céline Chadelat, coautrice avec Marie Mahé-Poulin de *Le Mois d'or* (Marabout, 2021) et spécialiste du post-partum
- Laurie Codron, juriste et fondatrice de Droits de Parents
- Delphine Cordel, fondatrice du podcast « Carrières de Parents »
- Isaure Fabre et Constance Le Lièvre, spécialistes des modes de garde, cofondatrices de We Partum
- Marie-Liesse Goutte, phythothérapeute, fondatrice de Phyto-femme
- Dr Nathalie Leone, médecin en psypérinatalité
- Élodie Levigne, assistante maternelle
- Maëlys Le Levreur, accompagnante parentale, fondatrice de My Little Coaching
- Marie Pellerin, coach et spécialiste parentalité au travail, co-fondatrice de Parents on board
- Mathieu Pinto, juriste
- Camille Rabineau, spécialiste des espaces de travail, fondatrice de Comme on travaille
- Laurène Sindicic, fondatrice d'Émancipées, plateforme d'observation du cycle

Une pensée particulière pour Gaëlle Bassuel, fondatrice de YesWeShare, dont notre passion commune pour le cinquième trimestre nous a offert une jolie aventure à trois.

Merci à Sophie Amsili et Capucine Goyet pour leur relecture attentive et leurs bons conseils.

Et enfin, un immense merci aux éditions Solar et en particulier à Lama Younès-Corm et Gwladys Greusard, ainsi qu'à Louise Giovannangeli, pour leur confiance, leur enthousiasme, leur professionnalisme et leurs conseils si rassurants. Merci à Léna Piroux pour avoir donné vie au livre. On n'aurait pu rêver d'une meilleure équipe pour nous accompagner !

Table des matières

Direction : Didier Férat
Direction éditoriale : Lama Younès-Corm
Édition : Gwladys Greusard
Conseillère littéraire : Louise Giovannangeli
Préparation du texte et correction : Bleuenn Jaffres et Littopia
Couverture, maquette, mise en pages et illustration : Léna Piroux
Fabrication : Laurence Duboscq

© Éditions Solar, 2025, Paris
Tous droits de traduction, d'adaptation
et de reproduction par tous procédés,
réservés pour tous pays.

ISBN : 978-2-263-19038-4
Code éditeur : L19038/01
Dépôt légal : avril 2025

Imprimé en Espagne par Macrolibros en mars 2025

Solar, un département d'édi8
92, avenue de France
75013 Paris
Tél. : 01 44 16 09 00
www.lisez.com
info@lisez.com